少年读史系列

刘娟 ◎ 著

4 · 汉朝

人民文学出版社

图书在版编目(CIP)数据

少年读《资治通鉴》. 4，汉朝/刘娟著. —北京：
人民文学出版社，2021(2024.1 重印)
（少年读史系列）
ISBN 978-7-02-016874-3

Ⅰ. ①少… Ⅱ. ①刘… Ⅲ. ①中国历史-古代史-编
年体②《资治通鉴》-少年读物 Ⅳ. ①K204.3-49

中国版本图书馆 CIP 数据核字(2020)第 251740 号

责任编辑　朱卫净　邱小群
装帧设计　李　佳

出版发行　人民文学出版社
社　　址　北京市朝内大街 166 号
邮政编码　100705

印　　制　上海盛通时代印刷有限公司
经　　销　全国新华书店等

字　　数　57 千字
开　　本　890 毫米×1240 毫米　1/32
印　　张　4.25
版　　次　2021 年 8 月北京第 1 版
印　　次　2024 年 1 月第 10 次印刷

书　　号　978-7-02-016874-3
定　　价　35.00 元

如有印装质量问题，请与本社图书销售中心调换。电话：010－65233595

　　为响应国家关于"传承发展中华优秀传统文化，增强国家文化软实力"的伟大战略，将博大精深的中华传统文化普及到少年儿童群体中，我们倾力打造"少年读史"系列图书，最先推出的便是这套《少年读〈资治通鉴〉》。

　　《资治通鉴》是一部卷帙浩繁的大部头史书，虽已经司马光之手，"删削冗长，举撮机要"，但仍"网罗宏富，体大思精"，令人望而生畏。为了让孩子们读懂并喜欢上它，我们精心制作了这套《少年读〈资治通鉴〉》。

　　《少年读〈资治通鉴〉》共 20 册，是一套连续的历史故事集，通过 311 个引人入胜的历史故事，鲜活地演绎了从周威烈王二十三年（公元前 403 年）到五代后周世宗显德六年（公元 959 年）共 1362 年的朝代更替、历史兴衰、人事沧桑。

　　考虑到少年儿童的阅读兴趣与特点，在尊重历史的大前提下，这套书对史料进行了科学的剪裁，用通俗易懂的语言，通过大量的人物对话，模拟事件发生的场景，把历史上的重要人物和重大事件生动地呈现出来，让少年儿童在增长历史知识的同时，又享受到阅读的乐趣。

为了避免让整个历史读起来碎片化，这套书尤其注重历史事件的连续性和系统性，讲究由小故事串起大事件，用大事件演绎大时代。故事与故事之间，相互承传、次序分明，有条不紊地把历史推向纵深，帮助少年儿童真实、立体地感知历史发展的脉络。

此外，这套书还针对重要的历史地名（官职），做了相应的注释，帮助少年儿童从空间坐标上更好地理解时间坐标上的历史。

历史学家钱穆先生曾经说过这样的话："任何一国之国民，尤其是自称知识在水平线以上之国民，对其本国已往历史，应该略有所知。否则最多只算一有知识的人，不能算一有知识的国民。"

有鉴于此，我们希望通过这套《少年读〈资治通鉴〉》，帮助我们的孩子更好地了解中国历史，学习中国传统文化，做一个真正的中国人。

荡平诸吕

公元前188年，在位仅七年的汉惠帝刘盈抑郁而终。朝廷上下都处在悲痛之中，然而吕太后似乎对儿子的死无动于衷，她虽哭得震天响，眼里却没有一滴泪水。大臣们都觉得奇怪，连智谋过人的丞相陈平一时也猜不透其中的玄机，唯有张良的儿子、侍中^①张辟强看出了端倪。他悄悄地对陈平说："丞相啊，你们就要大祸临头了！"

陈平心中一惊，忙问："此话怎讲？"

---

① 跟随在皇帝左右，侍奉生活起居，多授予外戚、亲信、功臣子弟等。

张辟强说："先帝是太后唯一的儿子，白发人送黑发人，太后怎么可能不伤心呢？她是不放心你们这帮老臣，神经紧绷着，怎么能哭出眼泪来呢？"

陈平心里"咯噔"了一下，又问："依你看，该怎么办呢？"

张辟强说："你们不如主动请求太后给吕家人加官晋爵，这样太后就不会怀疑你们了。"陈平听了，若有所思。

之前，吕太后为了亲上加亲，把女儿鲁元公主的女儿嫁给儿子惠帝做皇后。然而不知何故，这位张皇后一直未能怀孕。吕太后就悄悄把一位妃子的儿子抢过来，对外宣称是皇后的亲生子，并立为太子。安葬了惠帝后，吕太后便把这位太子扶上皇帝之位，因其年幼，就由吕太后行使天子的职权。

这天，吕太后在朝议时，迫不及待提出准备册封几位吕氏外戚①为诸侯王，征询大臣们的意见。

---

① 帝王的母族、妻族，即太后、皇后、嫔妃的娘家人。

右丞相王陵首先站出来反对："当初，高祖①曾与群臣杀白马饮血盟誓：'非刘姓的人称王，天下人可以讨伐他。'现在分封吕氏为王，是违背高祖遗愿的。"

太后很恼怒，又问左丞相陈平和太尉②周勃。两人都回答说："高祖统一天下，分封刘氏子弟为王；现在太后临朝管理国家，分封几位吕氏为王，没有什么不可以的。"太后听了很高兴，放下了对陈平这批老臣的戒心。

朝议结束后，王陵责备陈平、周勃："当初与高祖饮血盟誓时，你们两位不在场吗？你们为了逢迎太后，背弃盟约，将来有何脸面去见高祖呢？"

陈平、周勃对王陵说："现在，在朝堂之上当面谏阻太后，我二人确实不如您；可将来安定国家，确保高祖子孙的刘氏天下，您却不如我二人。"

王陵无言以对，气呼呼地走了。不久，王陵被免职，陈平则升为右丞相。

---

① 即刘邦。
② 西汉初为武将最高称号之一，担任临时性的高级军事统帅，或为皇帝的军事顾问，但并无发兵、领兵的实际职权。

没过几天，吕太后就追尊其去世的父亲吕公为宣王，其兄吕泽为悼武王，打算以此作为分封吕氏为王的开端。于是，朝臣们识相地奏请太后立吕泽的儿子吕台为吕王，把原本属于刘氏宗室的封国——齐国最富饶的郡，即济南郡分割出来，另立为吕国。吕太后自然不会客气，一连封了吕家好几个人为王侯，连她妹妹也被封为临光侯。不仅如此，为了控制刘姓王族，她还把吕家的几个女儿嫁给刘姓诸王为妻。

　　眼见吕家的势力在朝廷上越来越大，以陈平为首的一批对刘姓宗室忠心耿耿的老臣深感忧虑，担心将来诸吕把持朝政，老臣们无力制止，恐怕大祸临头。

　　这天深夜，陈平双眉紧锁，独自关在书房里，回想不久前发生的一件事：少帝渐渐长大后，得知自己并非张皇后的亲生儿子，而自己的生母则被吕太后杀害，就对身边人表示将来一定要复仇。不料这话传到吕太后耳朵里，她先是说少帝病了，将他幽禁宫中，不让任何人见，接着废掉少帝，然后暗中杀害了他，再另立了一位少帝。

想到这里，陈平更加忧心忡忡。就在他苦思对策之时，耳边突然传来一声询问："丞相在想什么呀，竟然这么专注，连我进来了都不知道？"

陈平一惊，抬头一看，原来是陆贾。陆贾能言善辩，曾被派去出使南越①，成功游说南越王赵佗归附汉朝，很得刘邦器重。吕后专权后，他虽称病辞官，却一直关心朝廷大事。

陈平回过神来，笑着反问道："你猜我在想什么？"

陆贾说："您身居高位，一人之下，万人之上，富贵无比，不会为个人欲望而烦忧了，我猜您是在忧虑诸吕和年幼的皇上。"

陈平点头笑道："你猜对了我的心事。我该怎么办呢？"陈平指着身边的座席，示意陆贾坐下。

陆贾挨着陈平坐下后，对他说："天下安定时，应注意发挥丞相的作用；天下危难时，就要注意发挥大将的作用。将与相的关系和谐，群臣就会团结一致，

① 在今湖南南部、两广及越南北部一带，秦朝在那里设置了南海郡、象郡、桂林郡。秦末，龙川令赵佗兼并三郡，建立南越国。

即使天下出现重大变故，大权也不会旁落。如今安定国家的根本大计，就在您和太尉周勃手中。您何不主动与太尉交好，加深你们之间的关系呢？"接着陆贾又为陈平谋划了将来平定诸吕时的几个关键问题。两人一直谈到东方的天边露出了鱼肚白。

不久，周勃过生日，陈平为他举办了丰盛的宴席，送了五百斤黄金作为寿礼，周勃也以同样的礼节回报。从此，两人经常往来，关系越来越亲密。吕氏集团的人见朝中一文一武两位重臣交情深厚，便有所忌惮，嚣张的气焰大有收敛。

公元前180年，吕太后参加完一次除灾去邪的祭祀仪式后，在回宫的路上撞见一种类似灰狗的动物，猛扑向她的腋窝，转眼间就消失了。吕太后命人占卜此事，卜师回答说："这是赵王刘如意在闹鬼。"吕太后听了心惊胆战。从那天起，她的腋窝就疼痛不止。过了几个月，吕太后就病逝了。

临终前，她把侄子吕产和吕禄召到跟前。当时赵王吕禄是上将军，统领北军，梁王吕产统领南军。吕太后告诫他们说："我封吕家人为王，大臣们虽然表面上不反对，但心中多有不服。我担心我死之后，他们会趁机向吕氏发难。你们务必要统率好禁军，严守宫廷，千万不要为我送葬而轻易离开重地，以免被人所制！"

吕太后一死，吕氏集团就准备篡权夺位，但他们内惧朝中的陈平、周勃等人，外怕齐国、楚国等刘姓诸王，又恐手握兵权的灌婴不与吕氏合作，所以一时不敢贸然动手。

吕氏集团不动手，刘姓宗室却打算先发制人，最先跳出来的是朱虚侯刘章。刘章^①是吕禄的女婿，也是刘姓宗室中一位颇有胆识的王侯。有一次，吕太后举办酒宴，让他做监酒官。刘章说："我本是将门之后，请太后允许我按军法监酒。"太后答应了。

酒酣之时，刘章吟唱了一首《耕田歌》："深耕播种，株距要疏；不是同种，挥锄铲除！"表达了自己对吕氏专权的不满。

---

① 刘章是汉高祖刘邦的孙子。

席间，吕氏家族中有一个人喝醉了酒，离开酒席。刘章追上去，拔剑斩了此人，说："逃酒而走，应以军法处斩！"太后及左右人等都大吃一惊。从此吕氏家族的人看到刘章都绕着走，生怕招惹他。

刘章从妻子处得知诸吕打算作乱，赶忙派人通知哥哥——齐王刘襄，让他统兵西征，自己在京城做内应。刘章打算诛除诸吕后，立哥哥为皇帝。刘襄得到弟弟的密报，立刻出兵向西攻打济南。

吕产等人闻讯，就派灌婴统兵征伐，打算趁灌婴的军队与齐军交战之后再发动兵变。

谁知灌婴早就想铲除吕氏，就与部下商议，决定将大军驻扎在荥阳，并派人联络刘襄和各诸侯，约定待吕氏发起变乱，一同诛灭吕氏集团。刘襄于是退兵到齐国的西部边界。

灌婴那边按兵不动，在京城的周勃与陈平就谋划开了：怎么从吕氏手中把兵权夺过来呢？思来想去，他们想到曲周侯郦商的儿子郦寄与吕禄关系很好，便派人劫持了郦商，让郦寄骗吕禄交出兵权。孝顺的郦寄没有办法，只好去找吕禄，对他说："现在太后驾崩，皇帝年幼，你身为赵王，却不回自己的封国，还率兵留在京师，必然会受到大臣和诸侯王的猜忌。你不如交出兵权，回到你的封国去，高枕无忧地去做一国之王，多好啊！"

吕禄是一个头脑简单的人，郦寄又是他的好朋友，便信以为真，把将印交了出来。周勃一拿到将印，立刻来到北军大营，下令："拥护吕氏的，袒露右臂；拥护刘氏的，袒露左臂！"军中将士全都袒露左臂。周勃就这样取得了北军的指挥权。

此时，统领南军的吕产并不知道北军落入周勃手中，还是按原计划带兵来到未央宫，准备作乱，却被陈平安排的卫兵拦在了宫门外。就在双方僵持不下时，刘章率领一千多名士兵冲杀过来。一番激战后，吕产不敌，向刘章讨饶。

刘章咬牙切齿地说："你们这些图谋篡位，夺我刘氏天下的恶贼，我岂能饶恕！"说完一剑刺杀了吕产。

吕产一死，吕氏集团最大的威胁就解除了，周勃便派人分头逮捕所有吕氏男女，不论老小一律处斩。齐王刘襄获知吕氏已被诛灭，便罢兵回国。灌婴也带着军队从荥阳撤回长安。

　　吕氏集团就这样被彻底铲除，统治大权又回到刘氏集团手里。

2

刘恒白捡了一个皇位

诸吕之乱平息后，摆在汉朝元老大臣们面前的一个问题是，继续拥护少帝，还是另立新皇帝。

有人说："少帝和其他几个皇子都不是孝惠帝的儿子，当年吕太后设计把别人的儿子抢来收养在后宫，让孝惠帝认作儿子，立为继承人，来加强吕氏的力量。现在，吕氏虽然被灭族，但将来吕氏所立的人长大后，恐怕就要灭我们的族了，不如另立贤者为皇帝。"

于是有人建议道："那就立齐王刘襄为新皇帝，他是高祖的长孙，能力出众，果敢有为，而且是第一个发兵讨伐诸吕的诸侯王，功劳很大。"

但这个提议立刻遭到很多人的反对，他们认为诸吕之乱正是因为外戚太强横："齐王的舅舅驷钧，为人暴恶，就像戴着冠帽的老虎，假若立齐王为帝，驷钧一族就会成为第二个吕氏集团。"众人听了，纷纷点头称是。

这时又有人建议说："代王刘恒是高祖在世的儿子中年龄最大的一位，为人仁孝宽厚，太后薄氏一家谨慎温良。立年长的本来就名正言顺，更何况代王又以仁孝闻名天下！"

代王刘恒是高祖刘邦的第四个儿子，生母薄姬早年嫁给魏王豹，魏王豹死后被刘邦纳入后宫，生下刘恒。由于一直不受宠，薄姬因祸得福，得以躲过吕后的毒手，在刘邦驾崩后，跟随刘恒前往代国。刘恒在母亲的影响下，养成了谨慎沉静的性格。

比起强悍的齐王刘襄，仁厚低调的刘恒显然更受欢迎，所以，元老大臣们一致赞成拥立代王刘恒为帝，于是悄悄派人前往代国，召他入京即位。

收到诏书的刘恒感到十分意外，不敢相信这是真的，因为他从来没有想过自己有一天能当皇帝。他从生下来就不受刘邦喜欢，年仅八岁便被分封到偏僻荒凉的代地为王。十五年里，朝廷没有人关心他，他的父亲也从来没有召他回过长安，他就像被人遗忘了一般。

所以当皇位像天上掉下的馅饼一样砸在刘恒头上时，他内心的感受可谓五味杂陈，有欢喜，有忐忑，有不解，有期待。毕竟他也是一个不甘平凡的人，在代地的十五年里，他采用"与民休息"的政策，轻徭薄赋，发展生产。在他的治理下，代地已然是一片繁荣之地，而当皇帝可以让他在更广阔的天地里施展自己的才华和抱负。可是，他也了解政治的复杂、宫廷的险恶，突如其来的皇位究竟是福是祸，他并无把握。

于是，刘恒把大臣们召集到一起，征询他们的意见。得知代王被召入京即皇帝位，大家也很震惊，但很快他们就冷静下来，开始分析：

"孝惠帝是吕太后的亲儿子，孝惠帝的儿子是吕太后的亲孙子，他们如果继续做皇帝，长大后肯定不会放过铲除吕氏一族的人，只有通过不承认他们是孝惠帝的亲生儿子，才能废掉他们，另立新皇帝。

"如果要从刘氏其他子弟中选一位新皇帝，齐王刘襄无论是从身份，还是实力，以及这次诛吕的表现看，他都是合适的人选。然而，正如老话说的，福兮祸所伏，正是因为他太强大了，让元老们不放心。这些人在吕后的铁腕统治下，战战兢兢了那么多年，好不容易拨云见日，再选个厉害的人当皇帝，这以后的日子能好过吗？

"高祖在世的儿子，除了我们大王，还有淮南王刘长。淮南王自幼丧母，一直由吕太后抚养长大，和吕太后肯定是有感情的，光这一点，元老们就不会考虑他。

"这些元老大臣一定是觉得我们大王为人宽厚，在朝廷中没有任何政治根基，背后又没有强大的外戚家族支持，所以才选大王出来做皇帝。"

他们虽然分析得头头是道，但刘恒内心总觉得这件事来得太突然，怀疑其中有诈，恐怕招来杀身之祸。

郎中令张武等人也说："陈平、周勃等人多诡计，善用兵，不可信。大王最好是自称有病，暂时不要去长安，静观政局变化。"刘恒听了，更加犹豫不决。

中尉宋昌却说："你们这些人都说错了！当初秦朝暴政，豪杰群起，个个自以为可以取得天下，但最后登上天子之位的是刘氏。此为天意，这是第一条。高祖分封子弟为诸侯王，封地犬牙交错，遍布全国，刘氏江山稳如磐石，这是第二条。汉朝建立之后，废除秦朝的苛政，推行德政，百姓安居乐业，民心所向，这是第三条。现在，既便元老们想拥立他姓，百姓也不会答应。而高祖的诸子里，只有淮南王和我们大王健在。大王又年长，天下人都知道大王的贤圣仁孝，所以元老们顺应天下人之心，要迎立大王为皇帝。大王不必猜疑！"

刘恒还是下定不了决心，最后叫来卜师，命他占卜，看是凶是吉，结果得到一个"大横"的征兆。

刘恒问卜师："卜卦上说什么？"

卜师说："卜辞说，占卜的人将要即位做天王。"

刘恒不解地问："我本来就是王，还做什么王呢？"

卜师解释说："所谓天王，是指天子，而非一般的诸侯王。"

刘恒听了略感安慰，但他还是不放心，就派舅舅薄昭入京拜见周勃，探听虚实。周勃向薄昭详细说明迎立代王为帝的本意。薄昭回来报告说："迎立之事是真的，没有什么可疑之处。"

刘恒这才笑着对宋昌说："果然像你说的那样！"于是带着宋昌、张武等人进京。

来到离长安城还有五十里的地方时，谨慎的刘恒命宋昌先行入城，观察动静。宋昌走到渭桥①，见丞相陈平和太尉周勃带领文武百官都来迎接，便回来报告。刘恒于是放下最后的戒心，下令继续前行。

刘恒等人一到渭桥，群臣立即跪拜，俯首称臣，刘恒下车还礼。这时太尉周勃走上前来，低声对宋昌说："我希望能与大王单独说几句话。"他想仗着自己

---

① 长安渭水上的三座桥梁之一，秦始皇建，本名横桥，为通渭水南北离宫而造，汉时名渭桥。

在平诸吕之乱中的功劳，和未来的皇帝套套近乎。

宋昌朗声道："如果太尉要说的是公事，就请当着众臣的面公开说；如果说的是私事，王者是无私的。"

周勃脸上火辣辣的，不敢再多说什么，赶紧呈上天子专用的玉玺和符印，没想到刘恒推辞道："到代国官邸再商量此事吧。"

群臣前呼后拥把刘恒护送到设在京城的代国官邸后，陈平等人再次跪拜启奏："少帝刘弘并非孝惠帝的儿子，不应侍奉宗庙做天子。大王您是高祖的年长之子，理应继承皇统！"

刘恒谦逊地按宾主的礼仪，面向西辞谢了三次，又按君臣之仪，面向南辞谢了两次，才同意即皇帝位。

这时，刘章的弟弟刘兴居站出来说："诛除吕氏，臣下没有立功，请允许臣下前去清理皇宫。"

刘恒之所以没有直接进入皇宫，正是出于安全考虑，担心在皇宫内遭遇危险，刘兴居的话正合他意。

得到新帝的许可后，刘兴居和夏侯婴来到皇宫，逼近少帝说："您不是刘氏后代，不应做皇帝！"随即命人将少帝送出了宫。之后，他们回到代国官邸，恭迎刘恒入宫。

不料刘恒来到未央宫时，却被十几位持戟的卫兵拦住了，他们喝道："天子住在宫殿中，你是干什么的，竟要入宫！"刘恒只好派人去通知周勃。周勃急忙赶来，向卫兵们谕告有关废立皇帝的事。卫兵们吓得赶紧跪拜新皇帝。刘恒这才得以进入未央宫。

当晚，刘恒就任命宋昌为卫将军，指挥南军和北军，任命张武为郎中令，负责宫中事务，从根本上保证了自己的人身安全。紧接着，他颁布诏书，大赦天下。大汉王朝由此进入一个新的时代——汉文帝时代。

3

仁心治国

汉朝建立伊始，制度上都是模仿秦朝，从高祖初年到文帝刘恒登基，法律方面基本上仍是秦律。秦朝的刑法十分严酷，光死刑就有砍头、腰斩、活埋、车裂等多种，还有斩脚、割鼻等摧残人体的肉刑，以及"一人犯法，族人同罪"的连坐制。

汉文帝登基后下的第一道诏令就是废除刑法中最残酷的连坐制："对违法者做了处罚之后，还要株连到他没有犯罪的父母、妻子、兄弟，朕认为这样的法律十分不可取！自今日起，废除此法！"

齐国的太仓县令淳于意犯了罪，要处以肉刑。他有五个女儿，但没有男孩，被带走时，女儿们都跟在囚车后哭。淳于意就骂她们："出了事，一点儿忙都帮不上！"

他的小女儿缇萦听了，十分悲伤，就跟着父亲到了京城，给文帝上书说："我父亲在齐国做官，当地人都称赞他公正廉洁。现在他犯了罪，按律应判处肉刑。我感到悲痛的是，受刑者即使以后改过自新了，残肢也不能再接。我愿意到官府做奴婢，以抵赎我父亲该受的刑罚。"

文帝被缇萦的孝心感动，下诏说："人们犯了错，没有教育就处以刑罚，以致有的人将来想向善，也无路可走了！切断人的肢体，摧残人的皮肉，是多么残酷和不道德的！应废除肉刑，以别的惩罚代替！"于是，割鼻子的改成打三百板子，斩左脚的则改成打五百板子，等等。这个法令颁布后，有人担心刑罚太轻，犯罪成本太低，犯人会越来越多。然而，恰恰相反，犯罪率竟然大幅度减少，有一年全国只判了四百起案件。

对待犯罪的人，文帝尚且如此仁厚，对那些鳏寡孤独者①，以及贫困的人，他更是体恤有加，下令由国家供养八十岁以上的老人，每月发给他们米、肉、酒，对九十岁以上的老人，还要再发一些绸缎和丝绵，给他们做衣服。

然而，文帝自己却过得十分简朴，穿粗丝的衣服，也很少添置新物。有一次，他打算建造一个露台，用来欣赏风景，让工匠们算一下需要花多少钱。工匠们仔细计算之后，对他说："不算太多，一百斤金子足够了。"

文帝一听，大吃一惊，忙问："这一百斤金子大约相当于多少户中等人家的财产？"

工匠们估算后说："大约十户。"

文帝连连摆手说："太奢侈了，还是把这些钱省下来吧。"

的确，大汉建国虽然二十多年了，却因为连年的

---

① 鳏，年老无妻；寡，年老无夫；孤，年幼无父；独，老年无子。泛指没有劳动力而又无依无靠的人。

战事，经济凋敝，物质匮乏到连皇帝也弄不到四匹毛色一样的马来拉车，将相只能坐牛车，底层人民更是穷困潦倒，遇到自然灾害，收成不好，老百姓就得卖儿卖女，换粮度日。

太中大夫①贾谊针对国库空虚、百姓困难的现状，向文帝上书，请求重视农业生产，增加国库积贮："管子曾经说过，粮仓充实人们才会讲究礼节，丰衣足食人们才有荣辱观念。百姓的温饱问题没有解决，却乐意听命于君主的统治，这种事情，从古到今，我都没有听说过。古人说：'一个农夫不耕作，就有人要挨饿；一个女子不织布，就有人要受冻。'可眼下，国家和私人的积贮都少得让人心痛，一旦战争和灾害同时发生，国家财力无法应付，就会导致天下大乱！"

文帝被贾谊的话深深地打动了，下诏说："农业是天下的根本！百姓依靠它而生存。但现在，有的百姓不从事农耕的本业，却去从事工商末业，所以百姓生

---

① 秦、西汉初，位居诸大夫之首，侍从皇帝左右，掌顾问应对，参谋议政，奉诏出使，多以宠臣贵戚充任。

活艰难。朕对此甚为担忧！"于是，他亲自带着大臣们下地耕种，为天下人做表率。

为了勉励人们从事农业生产，文帝还对繁重的赋税进行了改革，他曾两次把租税减少一半，后来干脆全部取消："那些勤劳的农民已经够辛苦了，还要缴纳租税，这样做使从事农耕和从事工商的人没有区别，应当免除农田的租税！"这在中国历史上是独一无二的。

除了赋税，当时的徭役也非常繁重，成人每年要为官府无偿劳动一个月，还要服兵役。文帝就把每年一次的徭役改为每三年一次，并取消了兵役，让一个家庭的青壮劳力再也不用远去边关服役，安心在家从事农业生产。几年后，国库里的粮食与钱财堆积成山，老百姓的日子越来越好过，人口每年都大量增加。

这时，有人给文帝进献了一匹能日行千里、飞驰如电的宝马。文帝看到这样漂亮的千里马，十分喜爱，却说："朕出行的时候，前有仪仗队的旗子引导，后又跟着负责保卫的车队，平时出去巡视，一天最多走

个五十里。朕骑着这样的千里马，独自一人跑在前面做什么呢？"他拒绝接受这匹珍贵的千里马，并下诏："朕不接受进贡，全国各地不要再进贡东西了。"①

有一年，天下大旱，还闹起了蝗灾，老百姓叫苦连天。文帝就把皇家的山林河流全部开放，允许老百姓上山砍柴、下河摸鱼。他还下令减少御用的衣物、车马等开销，打开官仓救济百姓，普施恩惠。

为了建设国内，赢得安定的和平环境，文帝对待四夷部族也很友好，哪怕是对强硬的匈奴，也一直采取克制忍让的态度，继续执行和亲政策，避免大动干戈。而在对待南越王赵佗时，文帝更是放下帝王的架子，诚意感召。

南越国在高祖刘邦时成为汉朝的一个藩属国，双方经常互派使者，互相通商。吕后临朝执政后，歧视和隔绝蛮夷之地，下令："不得给蛮夷南越金铁、农具、马、牛、羊；如果给牲畜，也只能给雄性的，不

---

① 这道诏书被誉为中国历史上反腐倡廉第一诏。

给雌性的。"赵佗先后派了三批人来汉朝交涉都无果，后来又听说自己父母的坟墓被平毁，族人被处死，愤而发兵攻打长沙国，并自称南越武帝，与汉朝对抗。

吕后针锋相对，派兵攻打南越国。文帝登基后，就命人重修了赵佗先人的墓地，安排了守墓人每年按时祭祀，给赵佗的堂兄弟们赏赐了官职和财物，又派陆贾出使南越国，并带去写给赵佗的一封书信，信中说："朕是高祖皇帝侧室所生的儿子，早先被安置在北方代地做藩王。因路途遥远，加上眼界不开阔，朴实愚鲁，所以那时没有与您通信问候。朕前几日听说大王在边境一带发兵。战事一起，必定使无数将士丧生，造成许多寡妇、孤儿和无人赡养的老人，朕不忍心做这种得一亡十的事情，愿与大王共弃前嫌，自今以后，互通使者，恢复原有的良好关系。"

赵佗看了文帝的信，十分感动，表示愿意遵奉皇帝明诏，永为大汉藩臣，定时贡纳。

即便如此，文帝依然觉得自己做得不够好。公元前178年发生了日食，这种异常的天文现象在当时被

认为是上天的警告。一旦出现这种情况，代替皇帝负责祈祝的官员就会找"替罪羊"，把责任从皇帝身上推到臣子身上。然而文帝却认为所有过失应该由他一个人承担，并下诏书说："大家都要认真思考朕的过失，朕做得不好的地方，你们一定要告诉朕。你们要向朝廷推荐贤良方正、能言敢谏的人，帮助朕改正错误。可是现在的法律中，有'诽谤罪'和'妖言罪'，把忠心进谏的人说成诽谤朝政，把为国家深谋远虑的人说成妖言惑众，这样怎能招揽到天下的贤良之士呢？即日起废除这些罪名！"

于是，臣子们得以畅所欲言地批评朝政，文帝对于他们的意见，如时机不成熟就暂时放在一边，如可用，便立刻采纳。他的从善如流，让朝政越来越清明。

4
执法先锋张释之

　　南阳人张释之家中很有钱，捐官^①做了一名骑郎^②，干了十年也没有升迁，心灰意冷之下打算辞官回家。中郎将^③袁盎知道张释之是个有德才的人，不希望他就这样离开，便向汉文帝推荐。

　　文帝召见张释之，向他询问治国的方针。张释之就从秦亡汉兴的角度说了自己的看法。文帝听后很满意，就任命他做了谒者仆射^④。这个职位虽然不高，却

---

①　为弥补财政困难，允许士民向国家捐纳钱物以取得爵位官职的一种方式。
②　平时在宫中轮值宿卫，皇帝出行时则充当车骑侍从。
③　负责统领皇帝的侍卫。
④　统领诸谒者，职掌朝会司仪，传达策书，皇帝出行时在前奉引。

是皇帝的近臣，张释之得以跟随文帝左右。

有一天，张释之随同文帝到禁苑散心。禁苑是皇家园林，供皇帝游玩、打猎的场所，里面除了花草树木，亭台楼阁，还养了各种各样的禽兽。文帝兴致勃勃地走走逛逛，不知不觉来到养老虎的虎圈。圈中的老虎或侧卧而眠，或昂首踱步，虽不是林中狂啸之态，却也威风凛凛，尽显王者霸气。

文帝看得高兴，命人叫来主管禁苑的上林尉，问他："这园里一共养了多少只老虎？都有哪些品种？"上林尉跪在地上，不知是答不上来，还是被吓蒙了，支支吾吾地说不出一句话来。

文帝见他瑟瑟发抖的样子，不忍责备，便换了个问题："朕刚刚看到白鹿，它们又有多少只？产自哪里？"上林尉头上的汗大颗大颗往下掉，仍一个字都说不出来。

文帝不高兴了，又问了十几种鸟兽的数量，上林尉全都答不上来。这时，站在一旁的虎圈啬夫①跪在文

---

① 汉代小吏的一种。

帝面前说："请允许臣下回答陛下的问题。"说完就把文帝刚才问的几个问题回答得清楚明白。

文帝见他对答如流，十分赞赏，又问了几个问题，啬夫滔滔不绝，随问随答。文帝十分高兴，连声说："好啊！好啊！这才像样嘛！"又指着跪在一旁的上林尉对张释之说："像他这样做官，实在让人不放心，免了吧。把那名虎圈啬夫升为上林令。"

等文帝离开虎圈，继续往前逛时，张释之突然问文帝："陛下，您觉得绛侯周勃是个怎样的人呢？"

文帝一愣，虽然不明白张释之为什么突然问这个问题，但还是认认真真地回答道："他是一个忠厚的长者。"

张释之又问："那陛下觉得张相如又是怎样一个人呢？"张相如曾随刘邦南征北战，立下不少战功，被封东阳侯。文帝即位后，欣赏他的重厚少文①，让他当了太子刘启的老师。

① 意思是持重敦厚，缺少文才。

文帝不知道张释之葫芦里卖的什么药，但他还是作了回答："他也是忠厚的长者啊！"

张释之说："陛下圣明！可是这两位忠厚的长者都不太擅长说话，有时在朝上议事都结结巴巴的，和这个口若悬河的啬夫根本没法比。秦朝就专用这种能说会道的人，他们耍起嘴皮子来功夫一流，却不干实事，以致皇帝听不到对朝政过失的批评，使国家走上土崩瓦解的末路。现在陛下以啬夫能言善辩而破格升官，臣恐怕天下人争相效仿，都去练习口辩之术而不肯踏实提高自己的才干。"

文帝听了连连点头："你说得好啊！"于是撤回召命，不给啬夫升官。回宫时，文帝让张释之与自己同车而行。一路上，文帝询问了秦朝政治的弊端，张释之一一作了回答。文帝听了很受启发，一回到宫中，他就下了一道诏书，提升张释之为公车令。

公车令的级别虽不高，但作用很大。上任不久，张释之就遇到难题。有一天，太子刘启和弟弟梁王刘揖乘车经过司马门^①时，没有停车，直接就跑过去了，恰好被张释之看见。按照规定，任何人经过司马门，必须下车步行穿过，才能登车继续前行。违令者，轻则罚金，重则削爵，而公车令就是管这事的。

张释之立刻率领众卫士追上太子和梁王，要求他们退回去，重新步行经过司马门。太子与梁王都是文帝的爱子，又是薄太后的掌上明珠，哪里会把小小的公车令放在眼里，双方便争吵了起来。张释之将他们扣押在宫外，然后向文帝劾奏太子和梁王"大不敬"之罪。这样一来，把薄太后也惊动了。文帝只得来到太后宫中，摘下皇冠，跪下身来，检讨自己教子不严。薄太后于是派专使传诏，赦免了太子和梁王，准许他们入宫。

众人都为张释之捏了一把汗，没想到文帝非但没有责怪他，反而欣赏他的胆识，第二天就提升他为中大夫，不久又任命为中郎将。

---

① 汉代皇宫的外门。

一次，张释之随从文帝巡视霸陵①。文帝对左右侍从说："朕的陵墓如果用北山坚硬的岩石做棺椁，再让人把麻絮切碎填充在缝隙里，用漆将它们黏合为一体，肯定无比坚固，难道有谁能打得开吗？"

　　大家纷纷附和："陛下这个办法好！皇陵就应当修得牢固！"

　　唯独张释之说："假若陵墓里面有能勾起人们贪欲的珍宝，即便熔化金属把整个南山封起来，也会有间隙；假若里面没有珍宝，即便是没有石椁，又有什么可忧虑的呢！"文帝听后，觉得很有道理，认定以后要实行薄葬。

　　从此，文帝更加器重张释之，没过两年，又将他提升为廷尉，主管全国的刑狱。

　　一天，文帝出行经过渭桥时，突然有个人从桥下窜出来，惊吓到驾车的马。马儿长嘶一声，撒蹄就跑，差点儿把文帝颠出车外。文帝又惊又怒，命令卫队将

――――――――――――――――――――――――

① 汉文帝的陵墓。秦汉时期的丧制规定，皇帝不管年龄大小，即位一年后，就要开始营造自己的陵墓。

惊驾的人逮捕起来，送交诏狱治罪。

张释之亲自审问惊驾的人。那人战战兢兢地说："我是长安县的乡下人，走到这里突然听到要清道戒严，就急忙躲到桥下。过了好久，我以为皇上已经过去了，便从桥下出来，没想到……"

张释之见他吓得面如土色，断定他说的是真话，便进宫向文帝报告。张释之还没开口，文帝就急切地问："审得怎么样？"

张释之不紧不慢地说："此人惊了圣驾，按律应处罚金四两。"

文帝一听急了，生气地说："他冲撞了朕的马车，好在这匹马性子温和，若是别的马，朕恐怕非死即伤，你竟然只是罚他黄金四两？"

张释之解释说："法律应该是天子和百姓共同遵守的，不应偏私。罚他四两金子是现在的法律规定的，如果加重处罚，如何取信于民？廷尉是天下公正执法的带头人，如果廷尉不公正，地方上也会不公；地方上不公，百姓就会惶恐不安。请陛下深思。"

文帝思虑半晌，勉强说道："好吧，你是对的。"

还有一次，有人偷了高祖庙里的玉环，文帝大怒，责令廷尉严惩盗贼。张释之依照相关法律，奏请文帝判处斩首。

文帝气得瞪圆了眼睛："这个犯人简直罪大恶极，竟敢偷先帝的东西！朕把他交给你处置，是要你将他满门抄斩。"

张释之毫无惧色，据理力争："依照法律，砍头已是最高处罚了。盗窃宗庙器物就诛灭全族，如果以后有人偷挖高祖长陵上的一抔土，又该如何处罚？"

文帝沉默良久，还是批准了张释之的判决。

司马门弹劾太子，张释之毫无惧色，坚持"王子犯法与庶民同罪"，在"冒犯圣驾"案和"玉环盗窃"案中，他又坚持依法量刑，因此被人们称赞"释之为廷尉，天下无冤民"。而这一切也离不开文帝的从谏如流，否则就算张释之再怎么刚正不阿，也无法与强大的皇权抗衡。

5

刘长荒唐造反

汉文帝是中国历史上少有的仁君，被认为是后世皇帝学习的楷模。可是，人非圣贤，要说文帝一点儿缺点也没有是不可能的，他在处理淮南王刘长叛乱一事上的做法，就遭到不少人的非议。

刘长与文帝一样，都是高祖刘邦的儿子。当年，刘邦攻打韩王信，途中经过赵国，赵王张敖为了讨好自己的老丈人，就把府中的美人赵姬献给了刘邦。赵姬得到刘邦的临幸，怀了身孕。张敖知道后，不敢让她继续住在自己宫中，而是在宫外另外为她建造宫殿居住。一年后，张敖的家臣贯高等人试图在柏人县暗杀刘邦，事情被告发后，张敖和赵姬等妃嫔都受到牵连，被拘押在狱中。

赵姬害怕，便对狱吏说："我曾受到陛下宠幸，已有身孕。"狱吏一听，不敢怠慢，赶紧向刘邦禀报。刘邦正在气恼中，以为赵姬是在找借口脱罪，便没有理睬。

赵姬的弟弟就去找辟阳侯审食其帮忙，请他将赵姬怀孕的事告诉吕后，希望吕后搭救。审食其在刘邦南征北战时一直照顾吕后及其儿女，是吕后身边的大红人。然而吕后对赵姬心怀忌妒，不肯向刘邦进言求情，审食其也就抱着多一事不如少一事的心态，索性不管了。

不久，赵姬在监狱生下刘长后，怀着怨恨自杀而死。狱吏抱着刘长送到刘邦面前，刘邦追悔莫及，便让吕后收养刘长。平定了淮南王黥布的谋反后，刘邦封刘长为淮南王，让他掌管昔日黥布领属的四郡封地。

刘长一直由吕后抚养长大，因此在吕后执政时没有受到迫害，但他心里一直怨恨审食其当初没有尽力帮助生母赵姬，以致她含恨死去，只是迫于形势，不敢发作。

等到文帝即位后，刘长自认为与文帝最亲近，在封国骄傲蛮横，一再违反法纪，甚至到了京城也没有收敛。

公元前177年，刘长从封国进京。他拜见文帝时，态度十分傲慢；跟文帝去苑囿打猎时，与文帝同乘一辆车，还不住地称文帝为大哥。文帝对这个同父异母的弟弟很疼爱，总是从宽处置，不予追究。

刘长见文帝对自己亲善，便想趁这次进京实施复仇计划。这天，他将一把铁椎藏在袖子里，去见辟阳侯审食其。

审食其一听淮南王刘长来访，赶紧放下手头的事务，出门迎接。见到刘长，审食其躬身行礼。就在他低头之时，刘长突然取出袖中的铁椎，猛地向审食其砸去。审食其应声倒下，刘长又命随从砍下了他的脑袋。接着，刘长骑马飞奔到皇宫门前，袒露上身，向文帝请罪："我母亲无辜受赵国谋反一事的连累而下狱，那时辟阳侯若肯全力相救，一定能说服太后搭救我母亲，但他并未力争，这是第一桩罪；赵王刘如意母子没有过错，太后蓄意杀害他们，而辟阳侯不尽力劝阻，这是第二桩罪；太后封吕家亲戚为王，想夺我们刘氏的天下，辟阳侯不挺身抗争，这是第三桩罪。我为天下人杀死危害社稷的贼臣辟阳侯，为母亲报了仇，特来请罪。"文帝感念他为母复仇之心，又顾及兄弟之情，赦免了他的罪。

刘长返回封国后，更加骄横恣肆，不按朝廷法令行事，出入都要像皇帝出行那样由侍卫戒严清道，还称自己发布的命令为"制"①，模仿天子的声威。

有人将此事报告给朝廷，袁盎就向文帝进谏："诸侯王过于骄傲，必生祸患。"但文帝没有听进去。

不久，刘长在封国内推行自己设置的法令，还驱逐了朝廷任命的官员，请求允许他自己任命相国和郡守一级的官员。文帝心中虽然不高兴，却还是同意了

———————

① 古代帝王的命令。

他的请求。

于是刘长变本加厉，不但擅自给人封爵，而且随意杀人，藏匿犯了死罪的逃犯。有人向文帝报告，但文帝不忍心责备刘长，就让舅舅薄昭给刘长写了封信，以前不久济北王刘兴居因骄横不法最终被杀的例子，委婉地规劝刘长，让他引以为戒。

刘长接到薄昭的书信，心中老大不高兴，于公元前174年指派因罪丢官的开章等七十人，用四十辆辎重车在谷口县①发动叛乱。他还派使者前往闽越、匈奴，请他们发兵响应。

可是，只会胡作非为的刘长，哪里懂得怎么指挥造反啊。很快，事情就败露了。文帝当即派使臣召刘长进京。以丞相张苍为首的大臣们都向文帝上书，将刘长的罪一宗一宗列出，请求将他处死。

文帝不忍心，让大臣们再商议商议。众臣再次上书请求依法制裁刘长，文帝还是不肯。等到大臣们第

---

① 治所在今陕西礼泉东北。

三次上书时，文帝才让步，下诏废去刘长的王位，用囚车流放到蜀郡偏远的地方，沿途所过各县依次押送。

刘长被押解出发后，过了几天，袁盎向文帝进谏："皇上一直娇宠淮南王，不为他安排严厉的太傅和相国，才使他落到这般田地。淮南王秉性刚烈，现在突然如此粗暴地折磨他，我担心他会发生意外，死于途中，到时候陛下就会背上杀弟的恶名，这可如何是好啊？"

文帝不以为然地说："你放心，朕只是想让他尝尝苦头罢了，过段时间就派人召他回来。"

没想到，事情真的被袁盎说中。

刘长坐在四周有木栏、门上贴有封条的囚车里，一路颠簸着向南而去。沿途各县押送的人听说刘长气力过人，都不敢打开封门，让他出来透透气，活动一下筋骨。一向自由骄横的刘长哪里受过这样的苦和屈辱？他对随行的仆人说："人生在世，怎能忍受如此郁闷？"于是开始绝食。

当囚车来到雍县时，县令打开封门，发现淮南王刘长已经死了，吓得赶紧向朝廷报告。

文帝闻讯，哭得十分伤心，对袁盎说："朕没听你的话，终于害死了淮南王！"

袁盎安慰文帝："事情已经发生了，望陛下不要太难过。"

文帝止住哭泣，问道："那现在该怎么办？"

袁盎想了想说："把沿途各县负责押送的官员杀了，向天下谢罪。"

文帝立刻命令丞相、御史大夫把沿途各县负责押送淮南王而不开封门送食物的官员全部抓起来处死，然后按照列侯的礼仪把淮南王安葬在雍县。

过了几年，有人根据淮南王刘长的遭遇，编了一首歌谣，在百姓中传唱："一尺布，尚可缝；一斗粟，尚可舂；兄弟二人不相容！"①

歌谣传到宫中后，文帝很不安，叹息道："尧舜放逐自己的家人，周公杀死管叔和蔡叔，天下人都称

---

① 歌谣的意思是：只有一尺布，也可以缝成衣服，兄弟两个一起穿；只有一斗粟，也可以做成饭，兄弟两个一起吃；但是汉文帝富有天下，却容不下自己的兄弟。

赞他们贤明。而朕呢？难道天下人以为朕是贪图淮南王的封地吗？"于是下诏封刘长的儿子刘安等四人为列侯。

贾谊上疏进谏说："淮南王刘长悖逆无道，天下人谁不知道他的罪恶？陛下免其死罪而流放他，这已是他的幸运了，他自己得病而死，天下人谁不说他该死？现在陛下封他的儿子为王，将来等刘安他们长大后，不但不会感恩，很可能想给自己的父亲报仇。陛下这样做就像给盗贼送上兵器，给猛虎添上翅膀，后患无穷啊，望陛下三思！"

文帝最终没有听贾谊的话。多年后，刘安果然造反，不过这是后话。

6

冯唐不老，亚夫当年

白登之围后，汉朝与匈奴和亲，把汉朝女子嫁给冒顿单于做阏氏。这一政策果然带来了边境的安宁。冒顿单于死后，他的儿子继位，称为老上单于。汉文帝又指派了一位宗室的女儿给老上单于做阏氏。然而短暂的和平后，匈奴人又开始骚扰汉朝的边境，抢夺财物，掳掠人民。

公元前166年，老上单于率领十四万铁骑攻破汉朝西北重要关隘——萧关，杀了北地都尉孙卬。

萧关是关中四大关隘之一，屏护关中西北的安全。边报传来，朝廷震惊。文帝大怒，决定御驾亲征，群臣以高祖刘邦曾被匈奴围困在白登山七天七夜为例劝阻，但文帝执意要亲自统兵征讨匈奴。无奈之下，大臣们只好奏请薄太后，请她出面，才打消文帝亲征的念头。他改派张相如为大将军，董赤、栾布为将军，率大军迎击匈奴。可是，当时汉军的机动能力与匈奴的骑兵部队还存在一定的差距，汉军在塞内追击了一个多月，直到匈奴大军撤退，都没能对其有所杀伤。本想痛击匈奴的文帝很失望，感慨朝廷缺乏良将。

这天，文帝乘车经过中郎^①官署，想着很久没来了，便停车走了进去。郎署长冯唐见皇上驾到，赶忙跪下参拜。文帝见他满头白发，便亲切问道："老人家是哪里人呀？"

冯唐回答说："臣的祖父是赵国人，到父亲这一辈迁居到了代地。"

文帝一听是代地来的，倍感亲切："朕在代地做诸

---

① 宿卫宫禁，出充车骑，常侍皇帝左右，拾遗补阙，参议政事，在郎官中与皇帝最亲近。

侯王时，管膳食的高祛常常跟朕提起赵国将军李齐，说他很贤能，在巨鹿与秦军交战时无比英勇。现在，朕每次吃饭，都会想起这些事。老人家您听说过李齐这个人吗？"

冯唐淡淡地说："论带兵打仗，李齐远远比不上廉颇和李牧，这两位才叫本事大。"

汉文帝感慨道："唉！可惜啊，朕偏偏得不到廉颇、李牧那样的人！倘若有这样的将军，还担心什么匈奴呢？"

冯唐脱口而出："陛下即使得到了像廉颇、李牧这样的人，恐怕也不会重用他们。"这句话的意思是说文帝不能知人善用，所以文帝听了很不高兴，哼了一声，拂袖而去。

回到宫后的文帝平静了许多，他仔细想了想冯唐的话，不禁纳闷起来："朕自问还是一个不错的皇帝，可为什么冯唐说即使有了廉颇、李牧这样的人，朕也不会重用呢？"他越想越困惑，就命人把冯唐召来，打算问个明白。

一见面，文帝还是有点儿不快，质问冯唐："你为什么当着那么多人的面责备朕不懂用人，难道不能找合适的机会说吗？"

冯唐磕头谢罪："臣本是乡野之人，不懂得这么多忌讳，还请皇上恕罪。"

此时文帝的脑子里想的全是如何抗击匈奴，也就不再怪罪冯唐，问他："你怎么知道朕不能用廉颇、李牧那样的人呢？"

冯唐缓缓说道："臣听说古代的明君派遣将军出征时，跪着推将军的车前行，而且说：'国门之内的事，由寡人处理，国门以外的事，请将军裁决。'一切论功、封爵、奖赏的事都由将军在外面决定，回国后再报告给君主听。这可不是假的。臣听祖父说过，李牧驻守边疆时，可以自由支配税收，用于犒劳将领，赏赐士卒也不用向朝廷请示。朝廷用他，关键是看他能否打胜仗，其他的都是次要的。所以李牧才能充分发挥他的才干，北逐匈奴，大破东胡，消灭澹林，西压强秦，南制韩、魏两国。倚仗着军事上的强大，赵国差一点儿成了当时的霸主。后来，赵迁继承了王位，听信郭开的谗言，诛杀了李牧，让颜聚统兵，才导致赵国最后被秦国消灭。"

见文帝没有说话，冯唐又继续说："我们大汉现在就有一个像李牧这样的将军，他叫魏尚，担任云中郡郡守时，把军中税收全都用来犒劳士卒，还自己出钱每五天宰一头牛，慰劳官兵和幕僚。部下都很拥戴他，全军士气很高。有一次，匈奴人入侵云中郡，魏尚率领车骑部队出击，杀了很多匈奴人。从此匈奴人怕他，不敢靠近云中关塞。然而，那些士兵都是平民百姓的子弟，从田间招来当兵的，没什么文化，在向幕府报军功的时候，只要一个字有出入，那些舞文弄墨的官员就用军法来惩罚他们，取消他们应得的赏赐。有一次，魏尚也因为上报的敌军首级数量与实际差了六个，陛下就命官吏将他治罪，削了他的爵位，判了一年徒刑。臣认为，陛下的赏赐太轻，惩罚却太重，不利于发挥将士的战斗力。所以，臣才说陛下即使得了廉颇、李牧这样的将领，也不能重用啊。"

文帝高兴地接受了冯唐的批评，当天就命他持皇帝的信节去云中赦免魏尚，重新任命魏尚做云中郡守，同时提拔冯唐为车骑都尉。魏尚复任后，努力整顿云中郡的军事，匈奴人非常忌惮，不敢轻易南下。

然而没消停几年，公元前158年，六万匈奴骑兵分两路，又一次大举进犯汉朝边境。从边关送到京城的告急文书一日数封："匈奴三万铁骑入侵上郡，三万铁骑践踏云中！"文帝当即调兵遣将，准备迎击匈奴。

布置妥当后，文帝亲自到拱卫京城安全的霸上、棘门、细柳军营慰问士兵。一行人首先来到霸上，到军营门口时，见没人阻拦，便长驱直入，驶进军中。

将军们听说皇帝来了，都恭恭敬敬地出来迎接。文帝站在车上，说了一通勉励将士的话，然后让人把带来的美酒和牛羊留下，犒劳将士。将士们跪在地上齐呼"万岁"。文帝非常高兴，下令前往棘门。将军们又恭恭敬敬地把文帝送出军营。

文帝的车驾来到棘门时，棘门的将军和霸上的将军一样，先迎后送，十分恭敬。

最后，文帝来到此次慰问的第三站——细柳军营。领兵驻扎在这里的是名将周勃的次子、河内太守周亚夫。

远远望去，细柳营中军旗高扬，利刃闪闪。走近后，只见将士们身披铠甲，手执锋利的武器，个个神情肃穆。

文帝的侍卫先来到军营门口，大声宣布："天子车驾马上就到，准备迎接。"谁知守门的都尉却说："将军有令：军中只听将军的号令，不听天子的诏命。"

过了一会儿，文帝到了，被拦在外面，不让进去。侍卫把刚刚的事报告文帝。文帝难以置信，立刻让人传诏，命令打开军门，迎接圣驾。结果，守门的都尉依然朗声回答："将军有令：军中只听将军的号令，不听天子的诏命。"

这回文帝也听到了。他想了想，让特使手执皇帝的信节进去告诉周亚夫："朕想进入军营慰问军队。"

周亚夫看到皇帝的信节，这才传下命令："打开营门，放他们进来。"

文帝的车驾刚入营门，守卫营门的军官就对他们说："将军有令：军中不允许骑马驾车。"

众人都看向文帝。文帝点点头，从车上下来，其他人也下了马，徒步而入。

到了营中，只见周亚夫身披铠甲，手持兵器，站在大帐门口，他对着文帝拱手作揖说："身着盔甲，不能跪拜，请允许臣下以军礼参见陛下。"

文帝听了，十分感动，神情变得庄重肃穆，他俯下身，把手放在车前的横木上，以示对将士们的敬意。

劳军的仪式结束后，文帝等人又步行出了军营。一走出营门，随驾的大臣们就开始议论纷纷，对周亚夫的做法十分惊讶，文帝却说："周亚夫才是真正的将军啊！霸上和棘门的军队，简直如同儿戏，如果敌人来袭，恐怕他们的将军也要被俘虏了。你们再看看周亚夫，谁敢偷袭他呢？"

一路上，文帝对周亚夫赞不绝口。不久，汉军抵达边境，匈奴大军便撤退了。文帝升周亚夫为中尉，负责京城的警卫。

一年后，文帝病重去世，临终时还交代太子刘启："将来一旦国家出现什么乱子，你一定要重用周亚夫。"

7

七国之乱

当年，汉高祖刘邦消灭了几乎所有异姓诸侯王后，无力直接控制全国，因为自己的儿子都还年幼，兄弟又少，便分封了九个同姓的人做王，让他们效忠汉朝，拱卫朝廷。可是，随着时间的流逝，诸侯国的势力越来越大，直接威胁到中央的威权。尤其是吴国，国内资源丰富，可以开矿采铜铸钱，熬煮海水制盐，富庶到不需要向老百姓征税。吴国百姓应当服兵役时，吴王刘濞便出钱雇人应役。这样的情况持续了四十多年。

　　太中大夫贾谊和太子家令 [①] 晁错就曾多次建议汉文帝削藩，减少诸侯王对朝廷的威胁。但文帝当时正用心于稳定政局、发展生产，所以对同姓诸侯王基本上采取姑息的政策。

　　有一次，吴王的太子进京朝见文帝，之后来东宫找刘启玩。两人一块下棋时，因为棋路争了起来，吴太子态度很恶劣，刘启一怒之下，拿起棋盘砸向吴太子，结果把吴太子打死了。朝廷送吴太子的灵柩回吴国安葬，吴王却愤怒地说："天下都是刘家的，死在长安就葬在长安，何必送回吴国来安葬呢！"然后命人将吴太子的灵柩送回长安安葬。从此，怀恨在心的吴王更加不遵守藩臣的礼节，他声称身体有病，不来朝见皇帝。相关机构知道吴王是为了儿子的缘故，就拘留、审问吴国的使者。吴王害怕，萌生了谋反的念头。

　　不久，文帝得知吴王不来朝见的原因，就下令释放吴国的使者，还赏赐给吴王几案和拐杖，说："吴王

----

① 管理太子汤沐邑（周朝时，诸侯朝见天子时，天子在王城周围千里之内赐其封邑，供其膳宿和斋戒沐浴之用，故称汤沐邑。汉朝皇帝、皇后、公主以及诸侯王、列侯收取赋税以供其私人奉养的封邑，也称汤沐邑），掌东宫刑狱、饮食、仓库等。

年纪大了，不必前来朝见，若来了可以手拄拐杖，坐在凳子上。"吴王见文帝宽厚，才渐渐地放下谋反的念头。

文帝去世后，太子刘启当上皇帝，即汉景帝。已经提拔为御史大夫的晁错，不遗余力地劝景帝削藩，他多次上书陈述吴王的罪过："吴王因为吴太子之死，假称有病不来朝见，按律应当处死。先帝不忍心，还赐他几案手杖，可谓恩德深厚，他本应改过自新，却反而更加骄横无法，招诱天下的亡命之徒，公然与朝廷唱对台戏，叛乱之心昭然若揭。如今，削减他的封地，他会叛乱；不削减他的封地，他也会叛乱。现在削，他反得快，祸害小些；以后削，他反得慢，祸害反而更大。"

景帝听进去了，连着两年削减了三个诸侯王的封地：楚王刘戊在为薄太后服丧期间，行为不检点，被削去一个郡；赵王刘遂犯法，也被削去一个郡；胶西王刘卬因为卖官受贿，被削了六个县。

削藩引发了轩然大波，各诸侯王都非常恐惧和不满，吴王刘濞也担心朝廷会对自己下手，心里沉寂多年的反意重新泛了上来。

打架要帮手，造反要同伙，吴王首先想到的是胶西王刘卬，他听说此人勇武好斗，便派人去游说，并许诺将来得了江山，共享天下。胶西王因为被削了六个县正不爽，立刻答应一起叛乱，还派人去联系自己的几个兄弟，齐王、淄川王、胶东王、济南王，让他们共同举事，这些诸侯王也都答应了。楚王刘戊和赵王刘遂也因为被削夺了封地，怨恨朝廷，也同意起兵。

公元前154年，景帝在登基的第三年，决定对吴国下手，要削吴王的两个郡。文书到达那天，吴王刘濞就把朝廷任命的官员杀死，然后向全国下令："我今年六十二岁了，亲自担任统帅；我的小儿子十四岁，也身先士卒。所有年龄上与我一样，下与我的小儿子一样的人，都要从军！"于是征发了二十多万人，打着"诛晁错，清君侧"的名义，浩浩荡荡向西杀去。

紧接着，胶西王、胶东王、淄川王、济南王、楚王、赵王也举兵反叛。齐王后悔答应，所以没有起兵。

胶西王和胶东王便联合淄川王、济南王一起攻打齐国，围攻齐国都城临淄。赵王则把军队调往赵国西部边境，准备等吴、楚联军到了，一起进攻长安。

很快，吴、楚联军聚集，大军经过梁国。梁王刘武率军顽强抵抗，却被叛军攻破了棘壁城^①，死伤数万人。叛军又轮番急攻，梁王只得退守梁国都城睢阳^②，同时向朝廷告急。

景帝得到奏报，心急如焚，问众臣："谁可带兵平叛？"

"臣愿领兵！"景帝一看，是周亚夫，不禁想起先帝临终前对自己说的话："将来一旦出现什么乱子，你一定要重用周亚夫。"

景帝决定按照父亲的话去做，便对周亚夫说："朕任命你为太尉，统率三十六位将军，前去平叛，其中曲周侯郦寄攻打赵国，将军栾布攻打齐境的叛军。另外，任命窦婴为大将军，率军驻守荥阳，监督齐、赵

---

① 在今河南柘城西北。
② 在今河南商丘市南。

境内的作战。"

周亚夫立即领兵向东北到达昌邑，发现荥阳还没有被叛军占领，非常高兴，因为荥阳有号称"天下粮仓"的敖仓。考虑到吴、楚叛军剽悍勇猛，周亚夫决定采取非正面交锋的战略，派轻骑兵奔袭吴、楚军队的后方，堵塞吴、楚叛军的粮道。

在此期间，梁王多次派使者向周亚夫求救，周亚夫就是不出兵。梁王很生气，向景帝告状，说周亚夫见死不救。景帝派使者命令周亚夫援救梁国，周亚夫却不执行皇帝诏令。梁王无奈，只得率全军将士据城死守。吴、楚联军见睢阳久攻不下，转而进攻周亚夫的军队。粮道断绝的吴、楚联军急于求战，但周亚夫坚守壁垒，始终不应战。

未央宫里，左等右等等不来捷报的景帝把晁错召去商量。晁错劝景帝率兵亲征，并建议把叛军没有攻占的两个地方，送给吴国，争取他们退兵。

正在这时，袁盎求见景帝，称自己有平息叛乱的计策。景帝召他进去后，问："你做过吴国的相国，你觉得局势会如何发展?"

袁盎回答说:"臣以为不值得担忧!"

景帝"哦"了一声,疑惑地说:"吴王富可敌国,还四处招揽豪杰,头发都白了才谋反,如果没有十足的把握,他怎么可能起兵?"

袁盎回答说:"吴王确实有钱,但哪有什么豪杰被他招揽去呢?如果有,他们就会劝他不要谋反。他招揽的都是些无赖子弟、流民、坏人,所以才会怂恿他叛乱。"

晁错附和道:"袁盎分析得很好!"

景帝追问:"那你有什么妙计?"

袁盎说:"请陛下让左右回避。"景帝让人退出,唯独晁错没走。

袁盎又说:"臣要说的话,其他臣子都不应听到。"景帝只好让晁错回避。

等晁错走了,袁盎低声对景帝说:"吴王打出的旗号是'诛晁错,清君侧',只有斩晁错,赦免吴、楚等七国的罪,并恢复他们原有的封地,七国的军队才会撤走。"

景帝听了，沉默了很久才说："还有别的办法吗？"

袁盎摇头说："臣只有这条计策，请陛下认真考虑！"

景帝又沉默了，过了好久，才摊摊手，无奈地说："不这样做，还有什么办法？为了天下，我不会爱惜他一个人的。"

原来，袁盎与晁错一直不和，有晁错在，袁盎总是避开，袁盎在的地方，晁错也总是躲得远远的，两人从来没在同一个室内说过话。等到晁错升任御史大夫，他就派人审查袁盎任吴相时接受吴王贿赂的事，景帝因此将袁盎贬为平民。七国叛乱发生后，晁错认定袁盎一定知道吴王的密谋，就想奏请景帝严惩袁盎。结果，有人把晁错的打算告诉了袁盎，袁盎很害怕，连夜去见窦婴，希望能面见景帝，亲口说明原委。窦婴帮他奏报景帝，景帝同意见他。于是，袁盎就利用这次机会置晁错于死地。

过了十多天，景帝授意丞相等人上疏弹劾晁错，晁错对此却一无所知。又过了两天，景帝派人召晁错，骗他说坐着车巡察街市。就这样，穿着上朝官服的晁错被骗到东市腰斩了。

谒者仆射邓公正担任校尉①，他向景帝上书分析战争情况。景帝召见他时，问道："你从军中来，听到晁错被杀，七国撤兵了没有？"

邓公说："吴王准备叛乱已有几十年了，他是因为朝廷削夺了他的封地发怒，杀晁错只是他的借口，他的本意不在晁错啊。再说，朝廷杀晁错，我担心天下的士大夫都不敢再向朝廷进忠言了！"

景帝忙问："为什么？"

邓公说："晁错忧虑诸侯王国势力过于强大，朝廷不能制服，所以请求削减诸侯封地，让他们尊崇朝廷，这本来是造福万世的好事。计划刚刚实行，他本人突然被杀。这样做，对内堵塞了忠臣的口，对外替诸侯王报了仇，我私下认为陛下不应该如此。"

景帝听了，好半天说不出话来，过了很久才感叹

---

① 战争时临时任命的武官，地位略次于将军，高于都尉。

说："朕现在也很后悔杀了晁错！"

果然，七国的叛军并没有因为晁错被杀而退兵，吴王刘濞反而派人去联络闽和东越部落，闽和东越也发兵响应。好在周亚夫的战略开始起作用。不久，吴、楚军队中有许多士卒饿死或背叛，吴王刘濞只好领兵撤退，周亚夫趁机派出精锐军队追击，大败吴、楚联军。吴王刘濞丢下军队连夜逃跑，想投靠东越，却被汉朝收买的东越首领杀了，楚王刘戊则自杀身亡。

围攻齐国的诸侯军队也被栾布打败，几个诸侯王或自杀，或被杀。平定齐国后，栾布率军返回，途中与久攻赵国不下的郦寄的军队会合，引河水淹灌赵国都城邯郸，赵王刘遂也自杀了。持续了三个月的七国之乱，就这样被平定了。

8

一句戏言害苦梁王

七国之乱虽然平定了，来自藩王的威胁却并没有完全解除，而且景帝还面临着一个强大的对手的威胁，那个人就是他一母所生的弟弟、梁王刘武。

虽然景帝是长子，但窦太后更疼爱小儿子梁王。梁王的封国内有四十多座城，而且是全国最肥沃的土地。他得到的赏赐多得数不清，府库里的金钱接近一百亿之多，珠玉宝器比皇宫里的还要多。每当他入朝时，景帝都会派使者拿着皇帝的符节，用四匹马拉的皇帝专用的车辆，到函谷关前迎接他。他到长安后，出入都和景帝同乘一辆车。

　　有一年，梁王来长安朝见景帝，想在京城多住些日子，景帝同意了。结果梁王这一住，住了将近大半年。一天，窦太后举行家宴，正喝得高兴时，景帝突然悠悠地对梁王说："等朕百年之后，把帝位传给你。"

　　当时，景帝还没有立太子。梁王听了，虽然知道这并不是真心话，心里却十分高兴。一旁的窦太后听了，也很高兴，因为她一直希望最宠爱的小儿子也能过把皇帝瘾。

　　这时，窦太后的侄子窦婴向景帝敬酒，并说："这个天下，是高祖打下来的，帝位由父亲传给儿子，这是汉朝的规定，陛下怎么能传给弟弟呢？"

　　景帝也自觉失言，于是沉默不语，窦太后却狠狠地瞪了窦婴一眼，从此不许他随意出入皇宫，还禁止他参加春秋两季的盛大朝会。

　　有了窦太后的鼎力支持，加上皇帝哥哥在宴会上也松了口，梁王觉得自己应该朝着继承帝位的方向努力。所以，当七国之乱爆发时，梁王坚定地站在景帝一边，率领梁国臣民固守都城，阻止了吴、楚叛军的西进，立下了大功。

可是，七国之乱平定后第二年，景帝似乎忘记了要传位给弟弟的话，立皇子刘荣为太子。不过，似乎为了补偿梁王，景帝赐给他天子才能使用的旌旗，出入都要清道戒严，随行的车辆、马匹成千上万。一时间，梁王的权势无两，许多豪杰跑来投奔他，如吴地人枚乘、严忌，齐地人羊胜、公孙诡，蜀地人司马相如等，梁国因此迅速壮大起来。

几年后，景帝因为太子生母栗姬的缘故，将太子贬为临江王。梁王又看到了希望，他最宠信的羊胜、公孙诡二人也不断怂恿他，要他凭借太后的支持，向皇位发起最后的进攻。

梁王于是又入京朝见。一天，宫中举办宴会，窦太后见景帝喝得高兴，趁机说："你出入乘坐大驾和安车①，要让梁王在你身旁。"窦太后的意思很明白，就是要景帝传位给梁王。

---

① 帝王乘坐的两种车型。

　　孝顺的景帝跪坐在席上，挺直了身体，恭恭敬敬地回答说："好的。"宴席散了以后，景帝头脑清醒了一点儿，就此征询大臣们的意见。

　　袁盎等一班大臣说："不行啊。过去宋宣公①没传位给儿子，传给了弟弟，祸乱持续了五代人。小处不忍心，会伤害大义的。"

　　窦太后听说大臣们都反对传位给梁王，生怕引起变乱，也就不再提让梁王继承帝位的事了。可梁王却不死心，希望多见太后，找机会说服她继续支持自己，于是上书说："我想修一条甬道，直达太后居住的长乐宫，方便经常朝见太后。"袁盎等人都反对，景帝便拒绝了梁王的请求。梁王只好悻悻地回到封国。

　　公元前150年，景帝立胶东王刘彻为太子，这意味着梁王彻底失去了继承皇位的机会。梁王对袁盎等人恨得咬牙切齿，认为都是他们在搞鬼，就和羊胜、公孙诡商量，暗中派人刺杀了袁盎和其他十几名大臣。

---

① 春秋时宋国国君，公元前747年至前729年在位。

这件事轰动了京城，景帝震怒，下令追捕刺客。等到刺客抓到后，一追查，是梁王派去的，出主意的是他的两个门客。

景帝犯难了，杀害朝廷重臣是死罪，哪怕凶手是诸侯王，但梁王不是一般的诸侯王，他可是太后最疼爱的小儿子。

"真是吃了熊心豹子胆啊！"景帝又怒又气，"怎么办？不查他，无法向天下交代；查他，母后那边肯定不答应……"

权衡再三后，景帝先派人前往梁国逮捕羊胜、公孙诡二人。然而，这两人老早就被梁王藏起来了。朝廷派去的十多批使臣无论怎么查，都查不出他们的藏身处。

梁国的内史①韩安国打听到公孙诡和羊胜藏匿在梁王的宫中，就去见梁王，哭着说："君主蒙受耻辱，做臣子的真是罪该万死。大王身边没有好的臣子辅佐，

---

① 西周、春秋、战国时为史官之一。战国时掌治京师之官也称内史。秦至西汉初沿置。汉景帝分置左、右。汉武帝太初元年（前104年），右内史更名为京兆尹，左内史更名为左冯翊。

所以才闹到这种地步。现在既然抓不到羊胜、公孙诡，我请求与您诀别，赐我自杀！"

梁王吃惊地问道："你为什么要这样啊？"

韩安国反问梁王："大王您估计自己与皇上的关系，比起皇上和临江王来，哪一个更亲？"

梁王不解地回答道："肯定是临江王跟皇上更亲近啊。"

韩安国说："临江王是皇上的亲儿子，被封为太子，却因为他的生母栗姬，被废去了太子之位，改封临江王。最近他又因为修建宫室，侵占了太宗①庙前空地上的围墙，被征去接受审问，最终自杀。为什么会这样？因为治理天下终究不能因为私情而损害公事。现在大王身为诸侯，受奸臣胡言乱语的引诱，违犯皇上的禁令，扰乱尊严的法律。皇上因为太后疼爱您的缘故，才不忍心按国法来惩办您。太后日夜哭泣，希望大王能改过自新，大王却始终不觉悟。假若太后突

---

① 指汉文帝刘恒。

然去世，大王还能依靠谁呢？……"

韩安国的话还没说完，梁王就已经泪流满面，哭着说："我现在就交出羊胜和公孙诡。"他立刻命令羊胜、公孙诡自杀，然后向朝廷上交了他们的尸体。

长乐宫里的窦太后因为担心梁王的事情，日夜哭泣，不愿进食。景帝知道后，很忧虑，却无计可施。正在这时，被派去梁国的几个使臣查清案子后，返回京城向景帝汇报。在离长安还有三十里路的地方，有个叫田叔的使臣一把火将所有的证据都烧了，空着手去见景帝。

景帝一见众使臣，立刻就问："梁王有罪吗？"

田叔站出来，回答说："犯死罪的事是有的。"

景帝忙问："罪证在哪里？"

田叔缓缓地说："陛下就不要过问梁王的罪证了。"

景帝纳闷地问："为什么？"

田叔悠悠地说："有了罪证，如果不杀梁王，就是罔顾汉朝律法，如果处死梁王，太后会吃不好，睡不香，陛下也会因此忧闷不已。"

景帝听了，龙颜大悦，非常欣赏田叔的做法，让他亲自把这些话说给窦太后听。窦太后听说梁王对刺杀大臣一事并不知情，是他的两位宾客干的，那两人已经按国法被处死，而梁王并未受到牵连，心情一下子就好了起来，立即从床榻上起来，吃了一碗饭。

梁王得知景帝的怒气有所消释，便上书请求朝见。到达函谷关后，梁王在随从的建议下，改乘普通的布车，只带了两名骑兵入关，然后躲在姐姐长公主刘嫖的园中。而景帝派去函谷关迎接梁王的人，却发现梁王的随从和车马还在关外，但他本人不见了踪影。找了一圈没找着，他们只好回来报告景帝。

窦太后听说梁王失踪了，以为他被景帝杀了，哭得上气不接下气："一定是皇帝杀了我的儿子啊！"景帝听了，既难过又害怕，难过的是太后误会他，害怕的是梁王真的遭遇不测。

梁王得知后，背着刑具，伏跪在皇宫门外请罪。窦太后和景帝见梁王安然无恙，哪还顾得上追究他的责任，三人抱头痛哭。然而，从此景帝便渐渐疏远梁王，不再和他同乘一辆车了。

过了几年，梁王再次来京朝见，想留居长安，不回封国，但景帝不同意，他只好返回封国，心情郁郁不乐，没过几个月就死了。

窦太后听到小儿子去世的消息，悲痛欲绝，不吃不喝，说："皇帝果然杀了我儿子！"景帝既悲哀又恐惧，不知怎么办才好，便与长公主商议，最后把梁国分为五国，梁王的五个儿子全都封为诸侯王，五个女儿也都赐给汤沐邑。窦太后这才高兴起来，很欢喜地吃了一碗饭。

9

细柳将军"地下造反"

公元前153年，汉景帝立皇长子刘荣为皇太子。景帝的姐姐、馆陶长公主刘嫖，希望自己的女儿以后可以当皇后，就想把她嫁给太子，但太子的生母栗姬对馆陶长公主经常给景帝推荐美女十分恼火，所以不同意这门亲事。

馆陶长公主碰了一鼻子灰，非常恼怒，转而去找景帝的另一位姬妾——王夫人，想把女儿嫁给她的儿子刘彻。

这位王夫人是一个不简单的女人。入宫之前，她嫁给了一个叫金王孙的人为妻，后来她母亲找人占卜，得知自己的女儿是极尊贵的命，便强行把她从金王孙家中夺回，送到当时还是太子的刘启宫中，得到宠幸，生下儿子刘彻。据说，王夫人怀刘彻的时候，曾梦见太阳进入她的怀中。

和她母亲一样投机的王夫人，见尊贵无比的馆陶长公主竟然主动提亲，自然大喜过望，立即答应了这门亲事。而馆陶长公主自从和王夫人定下儿女亲事后，便每天都在景帝面前说栗姬的坏话，称赞王夫人的美德，希望改立刘彻为太子。

景帝也觉得王夫人贤惠，又有梦日入怀的祥瑞符兆，也倾向于让刘彻当太子，但考虑到改立太子是大事，且刘荣并无过错，轻易废掉，恐生事端，所以景帝一直犹疑不定。

当时，景帝已经废了不受宠的皇后薄氏，皇后的位置就空了出来。栗姬对儿子已是太子，自己却迟迟未能封后，颇有怨念。王夫人知道后，心生一计，暗中让人去向景帝请求立栗姬为皇后。景帝本来就很不喜欢栗姬爱吃醋的毛病，现在又见她觊觎皇后的宝座，勃然大怒，把说话那人直接处死了。第二年，他就废掉了太子刘荣，改封为临江王，栗姬因此愤恨而死。最后，王夫人被立为皇后，儿子刘彻被立为太子。

其实，改立太子这件事最初是遭到大臣们反对的，已经当上丞相的周亚夫态度尤其激烈，他质问景帝："太子刘荣温良谦恭，自身并无过错，怎么说废就废？而且废长立幼，不符合祖制！"

景帝本来很器重周亚夫，希望他关键时刻能够站在自己这边，哪知他不解其意，还态度强硬，这让景帝很不高兴，说："这是朕的家事，外人不要插手！"从此，他就疏远了周亚夫。

不久，周亚夫又把窦太后给得罪了。七国之乱时，梁国被吴、楚叛军围攻，梁王刘武几次请求周亚夫援救，但周亚夫都按兵不动。虽然平定叛乱后，将领们都认为周亚夫的战略部署是对的，可是梁王从此恨上了周亚夫，每次入京朝见，都要在窦太后面前说周亚夫的坏话："周亚夫竟敢违抗君命，要不是我后来率军拼死抵抗，阻止叛军西进，恐怕您今天就见不到儿子了……”

窦太后心疼儿子，渐渐地对周亚夫也有所不满，偶尔会在景帝面前抱怨几句。景帝听多了，对周亚夫的嫌恶也就日益加深。

当上皇后的王夫人则对窦太后百般讨好，颇得窦太后的好感。有一天，窦太后就对景帝说：“皇后端庄贤淑，她哥哥王信也差不到哪儿去，可以封他个侯。”

景帝委婉地说：“当初，母后您的侄子和您的弟弟，先帝都没有封他们为侯，等到儿子即位后才封。所以，现在就封皇后的哥哥为侯，恐怕时机不合适。”

窦太后不悦地说：“做君主的应该根据不同的时间，做出相应的决定，不必墨守成规。当年我弟弟窦长君在世时没有封侯，我一直为此感到很遗憾！皇帝还是赶快封皇后的哥哥王信为侯吧。”

景帝无奈，只好说：“请允许儿子和大臣商议此事。”结果，又是周亚夫站出来反对。

周亚夫义正词严地说：“当初高祖皇帝与群臣定下

白马之盟，约定：'不是刘氏宗亲不得封王，没有立功的人不得封侯。'王信虽然是皇后的哥哥，但没有立功，如果封他为侯，就违背了高祖皇帝的白马盟约。"

景帝默然，只好把这件事放下了。窦太后听说是周亚夫在阻挠，暗骂道："这个不识趣的周亚夫！"

一波未平，一波又起，几天后，周亚夫又和景帝闹矛盾了。当时，匈奴王徐卢等六人归降汉朝廷，景帝为了鼓励更多的人来归降，想封那六人为侯。周亚夫又坚决反对："这些人背叛自己的君主前来投降，如果陛下给他们封侯，那我们以后又该如何处罚那些不守节操的大臣呢？"

景帝听了，恼火地说："你的话简直迂腐透顶！"还是把徐卢等人全封为列侯。周亚夫知道景帝对自己意见越来越大，就以生病为由请求免职。景帝也不客气，便罢免了他的相位。

过了几年，随着太子刘彻的长大，景帝开始考虑辅佐他的人选。想来想去，景帝最后还是觉得只有周亚夫有这个能力，但又担心周亚夫性子太直，决定召他前来，看看他脾气改了没有。

这天，周亚夫应召来到宫中。一走进大殿，他向景帝行完礼，看到地上放了一张几案，几案上有一盘没有切开的肉，不禁有些疑惑，只听景帝说："这是朕为你准备的肉，你好好享用吧。"

周亚夫一听，更纳闷了，不明白景帝葫芦里卖的什么药。他谢过景帝，来到几案前坐下。他发现没有准备筷子，有点儿不高兴，便回过头来吩咐主管宴席的官员："取筷子来！"

一直观察着周亚夫的景帝，这时见他索要筷子，便笑着说："莫非这还不能让你满意吗？"

周亚夫一听，又惊又愧，赶紧起身，摘下帽子向景帝谢罪。然而，景帝刚说了句"起来"，周亚夫就已经快速起身，大踏步退了出去。

景帝望着周亚夫远去的背影，冷笑道："这样愤愤不平的人，怎么能辅佐将来的君主呢？"他决定不再启用周亚夫，不管他有多大本领。

结果，这事刚过去没多久，周亚夫又摊上事了。

原来，周亚夫的儿子见父亲日渐老迈，就买了五百件专给皇室制造的铠甲盾牌，准备在父亲去世时殉葬用。可是，周亚夫的儿子虐待搬运这些东西的雇工，不及时结工钱。心有怨气的雇工就上书朝廷，检举周亚夫的儿子购买皇室专用器物，准备图谋叛乱，事情牵连到周亚夫。

景帝立即派人追查此事，办案的官吏迅速来到周亚夫府上，要逮捕他。周亚夫不愿受辱，想自杀，却被他夫人拦住了，因此没有死，被下了大狱。

周亚夫对办案官吏的问话，一个字都不答。景帝得知后很愤怒，骂道："没有你的供词，我一样可以杀你！"下诏让廷尉去审问周亚夫。

廷尉问周亚夫："你为什么要造反啊？"

周亚夫这才开口："那些器物是我儿子买来办丧事用的，怎能因此说我要造反呢？"

旁边一个官吏叫道："你即使不在地上造反，也要在地下造反！"

周亚夫气得满脸通红，便转头不再理睬他们。官吏们的审讯越来越残酷，周亚夫无法忍受身体与心理的双重屈辱，便绝食了五天，最终一代名将落了个吐血而死的下场。

景帝的心胸终究不如文帝，然而不管怎样，他和他的父亲共同开创了中国历史上第一个治世——"文景之治"，为即将到来的汉武盛世奠定了基础。

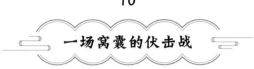

10

一场窝囊的伏击战

经过"文景之治"的休养生息，到公元前141年汉武帝刘彻即位时，社会稳定，经济繁荣，国库里串钱的绳子都朽烂掉了，粮仓里堆满了粮食，一层盖一层，溢出仓外。百姓也安居乐业，只要不发生旱涝灾害，人人自给，家家足用。

美中不足的是北方匈奴时不时侵犯汉朝的边境，给这欣欣向荣之景抹上了一道暗淡的色彩。自"白登之围"以后，汉朝不得不委曲求全，除了答应匈奴单于的和亲请求，还每年送给匈奴大批棉絮、丝绸、粮食、酒等，以换取边境的安宁。但是，匈奴并没有遵

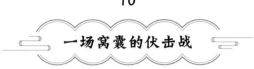

守彼此的约定，得到人、财后，隔段时间又跑到汉朝边境，想抢就抢，想杀就杀，使得北方边境不得安宁。

刚即位的汉武帝是一个有野心、有能力的年轻皇帝，一心想改变这种屈辱的局面。元光元年①（前134年），匈奴又请求和亲，武帝让大臣们讨论。大行②王恢是燕地人，熟悉匈奴情况，就说："我们与匈奴和亲，过不了多久，他们就又背弃盟约，不如拒绝和亲，发兵攻打匈奴。"

御史大夫韩安国反对说："匈奴经常跑来跑去，如同飞鸟一样，很难制服他们。如果汉军远征千里之外与匈奴争强斗胜，就会人马疲惫，敌人则以逸待劳，这是很危险的。不如与匈奴和亲。"群臣大多支持韩安国的意见。因此，武帝勉强同意了汉匈和亲。

不久，王恢前来觐见武帝，说："陛下，雁门郡马

---

① 年号是封建王朝表示皇帝统治纪年的一种制度。始于西汉武帝，第一个年号为"建元"，即公元前140年。但实际上汉武帝于元鼎三年（前114年）才开始用年号，在此之前的年号都出于追定。自此之后历代王朝均承袭此制。凡新皇帝继位，即建新年号以更替前代年号。一个皇帝在位期间也每因祥瑞或重大事件而多改换年号。年号最多的如汉武帝、武则天都超过十个。唯明、清两代，每个皇帝只有一个年号，故习惯上又以年号称明、清两代的皇帝，如"永乐皇帝""乾隆皇帝"。农民起义所建政权或封建割据势力，也多有年号。

② 负责安排诸侯王、列侯入朝之迎送接待、朝会、封授等活动，以及百官朝会、少数民族使节朝见之礼仪。

邑县有个叫聂壹的商人，昨日写信给臣说，可以采用诱敌深入的办法，把匈奴主力引入我们的伏击圈。"

武帝一听，立即来了精神，忙问："快说，怎么诱敌伏击？"

王恢说："聂壹的生意做得很大，所以和匈奴上层人物很熟。他说他可以亲自前往匈奴部落，骗单于说他能杀掉马邑县令，迫使马邑举城投降，全城财物尽归匈奴。汉匈和亲不久，匈奴人会放松警惕，且他们素来贪利，一定会率领大军前来。我们事先埋伏好，等匈奴大军一到，突然发动袭击，打他们一个措手不及。"

武帝点了点头，说："和亲只能换取短暂的安宁，是该换个法子了。"

第二天，武帝召集公卿大臣，让他们讨论商人聂壹的建议。王恢首先陈述自己的看法："臣听说从前代国虽是小国，北有强敌匈奴的威胁，南受中原大国的牵制，但君臣却能同仇敌忾，奋勇抗击匈奴，匈奴人于是害怕，不敢轻易骚扰代国。如今我大汉强盛，天下一统，匈奴却侵扰不止。造成这种局面的原因，就是我们没有坚决抗击，所以他们不怕我们。臣认为只有狠狠教训他们，让他们尝到被鞭打的滋味，才能彻底改变当前的局面。"

韩安国还是反对使用武力，他说："高祖曾被匈奴围困在白登山上，整整七天七夜。回来后，他却没有报复之心，因为圣人有包容天下的气度，不会因为自身的私怒而伤害天下大局，所以他派刘敬前往匈奴和亲，到现在已为五世的人们带来安宁。臣认为和亲比武力征伐对国家更有利。"

王恢不同意韩安国的说法，他说："高祖选择与匈奴和亲，的确不是因为我们打不赢匈奴，而是高祖征战多年，不愿天下百姓再受战乱之苦，可是他的大度并没有换来长久的和平，往往不过几年，匈奴人就又开始侵扰我朝边境，为此受伤战死的士兵不计其数，百姓更是深受其害。所以，武力征伐是改变这种局势的唯一办法。"

韩安国又从战略上反驳说："匈奴人经常迁徙，很难找到他们的踪迹，而且我们长途跋涉，远征千里，他们却以逸待劳，太危险了。粮食给养也会是一大问题。"

王恢笑着说："我们不需要长途跋涉，而是利用匈奴人的贪欲，把他们引诱到我们的边境，我们事先埋伏好几支人马，攻左翼的，打右翼的，还有断匈奴退路的，这样肯定能擒住单于，重挫匈奴主力。"

两人唇枪舌剑，各不相让，其他大臣有的同意韩安国，有的赞成王恢，最终武帝采纳了王恢的主张，决定在马邑诱敌。

元光二年（前133年）的夏季，武帝一口气派出韩安国、李广、公孙贺、王恢、李息五位将军，统率骑兵、步兵共三十多万人，暗中埋伏在马邑城内以及附近的山谷中，一旦匈奴大军进入包围圈，就挥军出击。

一切部署妥当后，商人聂壹假装犯事，被当地官府查办，逃到匈奴那儿。他对匈奴单于说："马邑县的县令和县丞冤枉我，把我逮捕入狱，我发誓一定要报仇。我打算悄悄潜回马邑，找人把县令和县丞干掉，然后献城归降你们，你们可以得到全城的所有财物。不过，马邑的驻军不少，以防万一，你们要多带人马。"

匈奴单于一听，大喜过望，立刻召集大军，整装待发。聂壹返回马邑后，告知了县令和县丞，他们从牢房里找了两个死囚杀了，冒充县令和县丞，然后把头颅挂在马邑城下，好让单于的探子看到。

单于的探子果然中计，回去报告单于，说："马邑县的县令和县丞的头已经挂在城墙上了！"单于很高兴，命令十万骑兵即刻向马邑进发。

当匈奴大军走到距离马邑县城还有一百多里的地方时，单于见牛羊遍野，却没有一个放牧的人，感到很疑惑，就让大军停止前进，然后派了一支人马去攻打附近的亭隧，结果俘虏了雁门郡的尉史①。

尉史被带到单于面前。单于见他瑟瑟发抖，厉声

---

① 边郡都尉的属吏，负责巡视烽燧（古时遇敌人来犯，边防人员点烟火报警，白天放的烟叫烽，夜里点的火叫燧）等。

问道："这里为什么只见牛羊，却不见放牧的人？胆敢不说实话，我一刀杀了你。"说完拔出了腰间的佩刀。

尉史吓得魂不附体，哆哆嗦嗦地说："不要，不要杀我，我说……这里的牧民知道要打仗了，所以都躲起来了。"

"他们怎么知道要打仗了？快说！"单于心中的疑云越来越重，逼问道。

那名尉史已经顾不了别的了，就把马邑诱敌计划全盘托出，并把汉军埋伏的具体地点一五一十地都告诉了单于。

单于大惊，说："我本来就有点儿怀疑，果然有诈。"下令立即撤兵。

而此时，王恢率领的三万军队已经从代地出发，埋伏在匈奴必经之路上，准备袭击匈奴的后勤给养，不料他们没有等到匈奴的后勤部队，却等来了前日在他们眼皮子底下经过的匈奴骑兵主力。

王恢心中纳闷："他们怎么折回来了？难道已经打过一仗了？"他派人去侦查，才知道匈奴大军在快进入汉军的伏击圈时，不知为何突然撤退。

看着眼前飞奔而过的匈奴骑兵，王恢犹豫了：打还是不打？如果打，区区三万汉军肯定不敌匈奴十万大军；如果不打，此次诱敌计划就要泡汤。权衡再三后，他决定保存实力要紧，就下令撤兵。

而韩安国等人率领的汉军在马邑埋伏了两天，却不见任何动静，派人去侦查，才得知匈奴大军已经撤退，于是率军出击，追了好远，估计追不上了，只好撤了回来。

这场大规模的伏击战就这样窝窝囊囊地夭折了。消息传回京城，武帝勃然大怒：原想重挫匈奴，一雪前耻，没想到却是这样的结局，韩安国等人竟然连敌人的影子都没看到，更可恶的是，王恢看到了，却眼睁睁地让他们溜了过去。

武帝召王恢前去责问。王恢辩解道："原来的计划是引诱匈奴人进入马邑县城，我军主力伏击他们，而臣下则负责袭击他们的后勤给养。不知怎么走漏了消息，匈奴大军没到马邑就全军撤回。臣下率领的军队只有三万人，肯定不是匈奴十万大军的对手。臣下知道就这样回来是要杀头的，但可以保全陛下的三万将士啊。"

武帝还是很生气，就把王恢交给廷尉审判，廷尉判他斩首。王恢暗中向丞相田蚡行贿，求他搭救。田蚡便去找武帝的母亲王太后，说："王恢一向主张军事打击匈奴，现在若杀了他，等于为匈奴报仇啊。"

王太后就把田蚡的话告诉了武帝。武帝说："王恢是马邑计划的主谋，计划失败，他必须负责。不杀他，无法向天下人交代。"

王恢得知武帝的话，就自杀了。从此，匈奴断绝了与汉朝的和亲，为了报马邑之仇，他们越发频繁地入侵汉朝边境。汉匈之间的大战，已然不可避免。

11
窦婴非死不可

汉武帝即位后，他的母亲王皇后就成了皇太后。王太后的母亲曾经嫁过两任丈夫，都生过孩子，所以王太后有两个同母异父的弟弟，其中一个叫田蚡。汉景帝时，田蚡还是个小小的郎官，对当时权倾朝野的外戚窦婴很巴结，经常出入窦家，陪侍喝酒时，下跪起立如同儿孙辈一样恭敬。

窦婴是窦太后的侄子，七国之乱时被景帝任命为大将军，平叛后又封魏其侯，武帝时做了丞相，可谓位极人臣。但是窦婴的显赫，很大程度上依赖于窦太后。窦太后去世后，窦婴没了靠山，渐渐失去权势，最终以列侯的身份闲居家中，之前趋之若鹜的门客和官员都纷纷离开了，只有一个叫灌夫的人没有走。

灌夫在七国之乱时因作战勇猛立下军功，被封为中郎将，后来又担任燕国的相国，因为犯事被免职，闲居在京城。灌夫为人刚强正直，爱借酒使气，对那些权势在自己之上的权贵常常不客气。失意的窦婴视他为知己，两人互相倚重，关系如同父子。

而田蚡在武帝即位后，凭借王太后的关系，被封为武安侯，先是做太尉，后来更是升为丞相，可谓一人之下万人之上，之前依附窦婴的人都跑到他的门下。田蚡于是一天比一天地骄横奢侈起来，他的住宅是所有官员中最豪华的，田地也是最肥沃的，官吏们送给他的珍宝金玉等器物，还有美女、歌妓，数也数不清。许多人找他要官做，他推荐的人，有的从平民百姓直接做到了二千石^①的高官，以致武帝有一次不满地说："您任命的官吏，任命完了没有？朕也想任命几个。"

---

① 汉朝官员的俸禄是以米谷为准，所以用容量单位"石"来命名。汉朝二千石官员为中央政府机构的列卿，及州牧郡守、诸侯王国相一级的官员。

还有一次，他向武帝请求把考工^①的土地拨给他，以便扩建住宅，武帝愤怒地说："你为什么不干脆要武器库？"他的气焰才稍稍收敛了一些。

一天，灌夫在服丧期内去拜访田蚡。交谈中，田蚡随口说了一句："我本想和你一起去看魏其侯，可惜你现在服丧，不方便。"

灌夫一听，兴奋地说："您肯屈尊去看魏其侯，我灌夫怎敢因为服丧而推辞呢？魏其侯肯定也很高兴，我去通知他，让他明天备好酒席。"

田蚡没想到灌夫会当真，愣了愣，只好答应了。

窦婴听说田蚡要来拜访，立刻吩咐下人连夜打扫房子，购置好酒好肉，准备宴席。天刚亮，窦婴就让管家去门口等候，然而直到中午，也不见田蚡到来。

灌夫只好驾车，亲自去接田蚡。到了丞相府，灌夫才知道田蚡还在睡觉，他很不高兴地提醒田蚡。田蚡笑了笑说："我昨天喝醉了，忘了这档子事。"说完

---

① 制造兵器的部门。

慢悠悠地穿好衣服，随灌夫一起驾车前往窦婴家。路上，田蚡又走得很慢，灌夫更加生气。

宴席上，喝高了的灌夫越想越生气，便拿话讽刺田蚡。窦婴赶紧打圆场，让人扶灌夫去休息，田蚡虽然不快，却也没有发作。

过了一段时间，田蚡看中了城南的一块地，一打听原来是窦婴的，便派了一名门客去索取。窦婴对田蚡肆无忌惮向自己要地，大为不悦，对门客说道："我现在虽然失去了权势，也不会任由别人随意践踏，丞相您固然显贵，也不能仗势硬夺我的田地！"灌夫听说后，也很生气，大骂田蚡。

田蚡更生气，骂道："魏其侯的儿子曾经杀人，我救了他儿子的命，他竟然连块地也舍不得给我！那个灌夫又凭什么多管闲事！"从此他对窦婴和灌夫心生怨恨，总想找机会报复他们。

这天，田蚡派出去搜集灌夫罪状的人回来报告说，灌夫家族在他们老家十分横行，当地老百姓颇受其苦。田蚡大喜，马上进宫奏请武帝查办。武帝听完后说：

“这是丞相的职责，你去查办好了，不用请示朕。”

田蚡得了武帝的"尚方宝剑"，立即就想派人去捉拿灌夫，没想到灌夫手里也有足以让田蚡灭族的把柄。原来，田蚡和淮南王刘安私交很好，有一次，刘安从封国来朝见武帝，田蚡亲自到霸上迎接他，并对他说："皇上没有太子，而您名满天下。假若皇上有什么不测，除了您，还有谁能继承帝位呢？"刘安听了很欢喜，送了田蚡很多金钱财物。

灌夫不知怎么就知道这件事，他以此要挟田蚡，若敢动他的家族，他一定也向武帝告发。田蚡知道，这些大不敬的话一旦传到武帝耳朵里，他就算不被灭族，也难逃一死。最终，在旁人的调解下，两人和解了。

然而，一想到灌夫手里握着自己的把柄，田蚡就感到不安，他害怕哪天被武帝知道了，自己就死无葬身之地了。

这年夏天，田蚡迎娶燕王的女儿做夫人，王太后下诏，让文武百官都去祝贺。窦婴邀灌夫一起去。灌夫不太想去，推辞说："我好几次因为醉酒得罪了丞相，最近又闹了那么一场，还是不去了。"

窦婴硬拉着灌夫一起去，他说："事情都已经过去了，而且你们不是已经和解了吗？"灌夫只好答应。

丞相府里，张灯结彩，鼓乐齐鸣，满朝文武几乎都到了。田蚡身穿新郎服，喜气洋洋地招待宾客。等大家都落座后，田蚡开始敬酒，所有宾客都离开席位，伏在地上，表示不敢当。

过了一会儿，窦婴也起身向大家敬酒，但多数人只是稍微欠了欠身，并未离开席位。灌夫见了，很不高兴，他拿起酒杯来到田蚡跟前，向田蚡敬酒。田蚡端坐着，没有起身，而且只喝了小半杯。

灌夫虽然不高兴，还是笑着说："丞相您是贵人，就请满饮此杯吧！"但田蚡就是不答应。灌夫无奈，只好转身去敬别人，敬到本家人灌贤时，灌贤正在跟将军程不识附耳说话，也没有离开席位。

灌夫正没地方发泄怒气，便骂灌贤："平时你诋毁程不识，说他一钱不值，今天我这个长辈给你敬酒，你却学女孩子一样在那儿跟程不识咬耳说话！"

灌贤涨红了脸，没有吭声，程不识也没说话，原本热闹的酒宴一下子安静了下来。就在大家都不知道该怎么办时，田蚡从主人席上站了起来，他厉声对灌夫说："程不识将军和李广将军都是东西两宫的卫尉^①，你现在当众侮辱程将军，难道就不给你所尊敬的李将军留些面子吗？"

灌夫这时酒劲上来了，脖子一扭，说："今天就是砍掉我的头，刺穿我的胸，我都不在乎，还顾忌什么程将军、李将军！"

田蚡听了更加恼火，狠狠地说："今天请大家来参加我的酒宴，是有太后诏令的。灌夫在宴席上辱骂官员，侮辱诏令，犯了大不敬之罪。"当即命人把灌夫扣押起来，不许见任何人，然后又派差吏分头逮捕灌夫的族人。

窦婴深感内疚，觉得要不是自己硬拉着灌夫来，

---

① 负责皇宫或行宫的保卫工作。

灌夫就不会出事。他决心营救灌夫，便上书武帝，把事情的经过详细地说了一遍，希望从轻发落。

武帝把窦婴、田蚡，还有几位大臣召进宫里，让他们当面公开辩论这件事。窦婴极力夸赞灌夫的为人，说他立有军功，此次闹事是因为喝醉了，罪不至死。田蚡则抓住灌夫冒犯太后诏令这一条不放，还说他纵容家族横行乡里，危害百姓，罪该问斩。

武帝问其他大臣："他们谁说得对呢?"

主爵都尉① 汲黯认为窦婴说得对，而御史大夫韩安国认为两个人都对，他说："灌夫平叛有功，如果不是犯了特别大的罪，仅仅因为喝酒引起口舌之争，是不宜判死刑的，但他的家族欺压百姓，横行霸道，其罪不小。请圣明的陛下自己裁决吧。"

内史郑当时也认为窦婴对，但又害怕得罪田蚡，所以不敢说出自己的看法。武帝见他嚅嗫的样子就很生气，骂道："你平日不是经常说他俩的优缺点吗? 今

---

① 负责封爵事务。

天公开辩论，你却畏首畏尾的！小心朕把你们这帮人一并杀了！"说完愤而起身，去伺候王太后进餐。

一见武帝，王太后就气冲冲地嚷道："如今我还活着，别人就已经在欺负我的弟弟，若是我死了，那还不是像宰割鱼肉那样宰割他了？"她不肯吃饭。

原来王太后已经知道廷辩的情况，武帝赶紧向她请罪，当即下令将灌夫满门处斩，并把窦婴也拘禁起来，审查他的问题。最终窦婴也被处死。

在这场外戚之争中胜出的田蚡也没得意太久，才过两个多月，他就病死了。十年后，淮南王刘安谋反，武帝得知田蚡曾经接受过刘安的财物，还说过大逆不道的话，恨恨地说："假若他还活着，朕一定要灭他全族！"

12

汲黯怒怼汉武帝

汉武帝喜好文辞，崇尚儒学，爱招揽文学之士和儒家学者，经常说"朕想要怎样怎样"。

有一次朝会上，武帝刚说完他想要怎样，主爵都尉汲黯应声说道："陛下心中藏着许多欲望，表面上却做出施行仁义的样子，如此怎么可能做出尧舜那样的治绩呢？"

武帝没想到汲黯竟敢这么说他，还当着文武百官的面，顿时沉下脸来，宣布结束朝会。回到内宫，武帝对身边人说："真是太过分了！汲黯这个家伙简直愚笨到家了！"

钦佩汲黯的人替他捏了一把汗，看不惯他的人则批评他太放肆。而汲黯总是神情凛然地回道："天子设立公卿大臣，难道是让他们一味阿谀奉承，使君主背离正道的吗？何况我已身居九卿①之位，纵然爱惜自己的生命，但要是损害了朝廷大事，那怎么得了！"

汲黯为人耿直倨傲，不能容忍别人的过失，在武帝面前尚且如此，其他人就更不用说了，早在他担任小小的谒者时，大家就很怕他，觉得他太威严了。不过，对这个不懂礼数却刚直忠勇的"家伙"，武帝其实是很赏识的，认为他有治国的才能。

有一次，东越部族相互攻击，武帝派汲黯前去巡视，结果他走到半路就回来了，对武帝说："越人就爱打架，这是他们的习俗，不值得去。"

还有一次，河内郡失火，烧毁了一千多家民房，武帝又派汲黯前去视察。他回来后说："百姓烧火时不小心，因为房子都是连着的，所以火势蔓延，没什

---

① 古代中央各高级行政机构长官并列为九卿，并非专指九种官职。西汉时，九卿仅次于丞相、御史大夫，分掌全国行政，职权甚重。东汉以后，其任渐轻。

么大不了的。但臣经过河南郡时，见那里的百姓连年遭受洪灾旱灾，有的甚至到了父亲吃儿子、儿子吃父亲的境地，臣就用陛下给的符节，开仓放粮，救济他们。"

武帝听了，没有怪罪他自作主张，依旧信任他，不久还派他出京，做东海郡太守。

在东海郡时，汲黯采用清静无为的黄老之学，选好官吏后，就放手让他们去做，他自己只关注大事，不苛求细枝末节。汲黯体弱多病，常常躺在屋里不出门，然而一年多后，东海郡却治理得很好，百姓对他交口称赞。武帝听说后，就召汲黯入朝，担任主爵都尉，位列九卿。他处理政务，还是只从大的方向引导，不拘泥法令条文。

有一次，汲黯生病，超过规定的假期了，却还没有痊愈，中大夫庄助替他向武帝请假。武帝想知道别人是怎么看汲黯的，便问庄助："你觉得汲黯这个人怎么样？"

庄助说："汲黯这个人没有什么超常的才能，但要说到他对君主的忠心，无论怎么威逼利诱，他都不为所动，哪怕是君主要赶他走，他也不会离去。"

武帝不停地点头说："古时候有所谓的社稷之臣，朕看汲黯差不多就是这样的臣子。"

元光五年（前130年），武帝征召百姓中明晓当世政务、熟知古代圣王治国之术的人到朝廷任职。当时参加考试的有一百多人，有个叫公孙弘的齐地人，成绩第一，被任命为博士①。这个公孙弘和汲黯恰恰相反，每当讨论事情时，他从不在朝廷上与武帝当面争辩，都是让武帝自己做抉择，因此很得武帝欣赏。武帝觉得他谨慎厚道，且熟悉文书法令，又能以儒术加以文饰，不久就擢升他为左内史。

每当公孙弘和汲黯一起被召见时，公孙弘总是让汲黯先说，然后由他进一步补充。汲黯说时，他会在一旁观察武帝的表情，一旦武帝露出不高兴的神情，他补充时就会和汲黯反着来。于是，公孙弘越来越得

---

① 初泛指学者，后为职官，充当皇帝顾问。

到武帝的亲近和重用。如此几次之后，汲黯就很讨厌公孙弘。

有一次，公卿大臣们商定了对某一问题的处置意见，可到了武帝面前，公孙弘却完全背弃了原来的约定，而迎合武帝的心意。汲黯非常恼火，在朝廷上公开批评他说："齐地人果然虚伪不老实，这条建议是他和我们一起商定的，现在他却变了，这样的人怎么可能忠诚？"

武帝听了也很不高兴，责问公孙弘。公孙弘伏在地上辩解说："了解臣的人，认为臣忠；不了解臣的人，认为臣不忠。"

武帝想了想，觉得有道理，不但没有再追究，反而更加优待公孙弘，很快就提拔他做了三公①之一的御史大夫。

公孙弘平素节俭，用麻布做被子，每餐只吃一种荤菜，很多人觉得他贤良。汲黯却认为公孙弘沽名钓

---

① 战国至秦朝习惯上泛称辅佐君主、执掌军政的最高官员为三公，西汉初因袭旧习，用来称丞相、御史大夫等最高官员。

誉，又在朝堂上公开批评他："公孙弘高居三公之位，朝廷给他的俸禄何其之多，但他却用布做被子，骗人的把戏而已。"

武帝也好奇，问公孙弘可有此事。公孙弘眼珠一转，回答说："确有其事。九卿中和臣关系最好的就是汲黯，可是今天他在朝堂上质问臣，确实指出了臣的问题。以三公的显赫富贵，而制作布被，是有点儿做作。汲黯真是忠直的人！"

武帝原本以为公孙弘会辩解，甚至反咬汲黯一口，没想到他如此坦诚，还反过来称赞汲黯的为人。武帝于是越发敬重公孙弘了，没过两年又提拔他做了丞相，封为平津侯。

然而公孙弘其实是个外表看上去宽厚，心机却很深的人。凡是冒犯过他的人，不论关系远近，他都要找机会报复。大臣董仲舒为人清廉正直，瞧不起阿谀奉承的公孙弘。公孙弘对董仲舒恨得咬牙切齿，便推荐他去做胶西国的相国。胶西王刘端骄横放纵，随意杀害朝廷派去的官员，公孙弘本想借胶西王之手除掉董仲舒，不料董仲舒因病躲过此劫。

而汲黯如此多次触犯公孙弘，自然也是他欲除之而后快的对象，于是他向武帝建议说："右内史^①管界居住着很多显贵重臣和皇室子弟，只有平素有威望的大臣才能治理得好，臣建议让汲黯去担任这个右内史。"武帝采纳了他的建议。

汲黯自然知道公孙弘的险恶用心，但他依然不改敢言直谏的做法。有一年，匈奴的浑邪王带领数万族人前来归附汉朝，武帝很高兴，便征调两万乘车辆前去迎接。可是当时朝廷缺马，只得向长安县的老百姓赊购。有的老百姓将马匹藏起来，结果马不够用。武帝大怒，要斩杀长安县令。

汲黯就站出来说："长安令没有罪，只有将臣杀了，老百姓才肯交出马匹。"

武帝一头雾水："怎么杀了你就有马了？"

汲黯也不接他的话，自顾自地说："再说，匈奴人

---

① 参看第 66 页注释 ①。

背叛他的主上投降我朝，我朝只要按着县的顺序传送就行，何至于让天下不安，让自己的百姓贫困，来讨好异族人呢？"武帝默不作声。

浑邪王等匈奴人来到长安后，当地商人因与他们做买卖而犯死罪的达五百多人。汲黯得知后，就在未央宫高门殿上为民请愿："匈奴人屡屡侵犯我们，导致我们兴兵征讨，将士死伤无数，花费的钱财高达数百万。臣本以为，陛下会将这些归降的匈奴人，分到那些战死沙场的将士家去当奴仆，所缴获的财物会赏赐给百姓，以安抚天下人的心。然而陛下不仅没有这么做，还将匈奴人看得比汉朝百姓重，现在又凭借法律中一项不重要的条文杀死无知小民五百多人，正是所谓'为保护树叶而伤害树枝'了。臣觉得陛下这样做是不对的。"

武帝沉默不语，回到内宫后，对左右说道："朕很久没听到汲黯的声音了，如今他又在这里胡说八道！"

过了几年，汲黯因为过于耿直触犯了法律，被判罪，幸好碰上武帝大赦天下，最后被免职，一年后改派去淮阳做太守。

汲黯不愿去，流着泪对武帝说："臣以为自己已经老死无用，将来尸骨要丢到沟渠，再也见不到陛下了，想不到陛下还会任用臣。臣的身体时常患病，不能胜任太守一职，臣愿意充当中郎，出入宫廷，为陛下纠正过失，提醒缺漏。这是臣的心愿，请陛下恩准。"

武帝不高兴，说道："你看不上淮阳太守这个职位吗？过些时候朕会召你回来的。淮阳地处楚地的交通要冲，位置很重要，那里的官员和当地百姓关系很紧张，朝廷想借助你的威望来缓和这种矛盾。你身体不好，躺在家中处理事务就行。"

汲黯只好接受诏令，前往淮阳上任。临行前，他还不忘朝政，叮嘱大行李息："我被陛下丢到地方郡县去任职，不能再参与朝廷议事了。御史大夫张汤，为人十分狡诈阴狠，善于诡辩，一心迎合陛下的意思。凡是陛下不喜欢的，他就诋毁，凡是陛下喜欢的，他就称赞。你身居九卿高位，要及早揭露他的真面目。"

汲黯在淮阳一待就是十年，直到老死，武帝终究没有再把他召回去。

13

"秀才"造反，三年不成

　　淮南王刘长因为叛乱绝食而亡后，汉文帝为了平息民间对自己的议论，就封他的儿子刘安为淮南王。汉武帝因为刘安从辈分上说是自己的叔父，而且很有才能，所以刘安每次从封国来朝见，武帝都很尊重他，安闲无事时，常常召他去聊天，每每一聊就聊到夜幕降临。有一段时间，武帝喜欢上了文学，经常与擅长写文章的刘安互通书信，每次写信，都要让司马相如等文士看过草稿才发出。而刘安总是投其所好，每次从封国来朝见武帝，都会献上自己的新作。这些新作往往受到武帝的喜爱。

刘安和武安侯田蚡关系很好。有一次他来京朝见时，田蚡特意到霸上迎接他，并对他说，当今皇上还没有太子，以刘安的威望，又是高祖刘邦的亲孙子，一旦皇帝驾崩，他将是新皇帝的不二人选。刘安听了高兴坏了，送了田蚡很多财物。

回封国后，刘安网罗了很多门客和各种技能之士，这些人常常拿他父亲在流放途中死于非命一事刺激他，希望他起兵造反。

有一年，天空出现彗星，有门客就游说刘安："以前，吴王刘濞起兵时，彗星出现，长仅数尺，尚且流血千里。如今彗星贯穿天际，恐怕天下将有大规模战事发生。"

刘安想起田蚡说的话，心想武帝没有太子，若天下发生变故，各诸侯王一定会争夺皇位，于是加紧整治军备，制造兵器。

其实早在七国之乱时，淮南王刘安就想发兵响应吴王刘濞，当时他的相国说："大王如果一定要响应吴王，我愿领兵征战。"刘安就把军队交给他指挥。谁知相国掌握兵权之后，忠于朝廷，反而据城防备吴、楚叛军，后来朝廷也派兵前来救援，刘安因此在叛乱平息后得以保全。

然而，刘安非但没有庆幸自己捡回一条命，反而在门客的撺掇下，谋逆之心一日强似一日。

这一年，武帝下诏，让有志参军报国的人到长安应征。淮南国的郎中雷被，因为得罪了淮南国的太子刘迁，就向刘安请求，说自己愿意参军去打匈奴，实际上他是想借机离开淮南国，以免遭到刘迁的报复，谁知却被刘安斥责了一顿，还被免了官。

雷被不甘心，找机会偷偷逃到长安，向朝廷上书，陈述了自己的冤情。武帝派人前往淮南国调查。刘安担心自己准备谋反的事情暴露，打算发兵对抗。

太子刘迁劝他说："父王不用操之过急。我找人穿上卫士的衣服，陪侍在父王身边，如果朝廷使臣要逮捕父王，卫士就会杀死使臣，到那时再举兵起事也不晚。"使臣来了后，刘安见他神色平和，只是例行公事问了几个问题，也就按兵不动。

使臣回报朝廷后，大臣们主张严惩淮南王，说："淮南王刘安拒绝有志奋击匈奴的壮士的请求，犯了妨碍圣旨的大罪，应当斩首。"

武帝没有同意，只是象征性地削减了淮南国的两个县。刘安引以为耻，自艾自怨地说："我做了仁义的事，反而被削减封地。"于是加紧准备谋反。

衡山王刘赐一向与刘安不和，听说刘安有造反的打算，害怕被他吞并，便也结交宾客，置备武器，打算在刘安起兵西进以后，攻占长江、淮河之间的地区。刘安得知后，担心树敌太多，便主动和刘赐联系，两人消除了以往的矛盾，约定共同起兵，反叛朝廷。

元狩元年（前 122 年），淮南王刘安不断派人前往京城打探消息，这些人回来后，若说"皇上没有儿子，朝政腐败"，他就很高兴，若说"皇上有儿子，政治清明"，他就很生气，认为是胡言乱语。于是下面的人就胡编乱造，阿谀逢迎他。刘安十分欢喜，开始部署进兵的路线。

中郎伍被是刘安所有幕僚中最有才能的人。刘安召他去商议谋反之事。伍被大惊，忙劝道："大王您怎么会有这种念头啊？这是要亡国的啊。从前伍子胥劝谏吴王，吴王不采纳，伍子胥就说：'我现在看见麋鹿在姑苏台上走来走去。'现在我好像也看到我们的宫中长出了荆棘，露水打湿人的衣裳的惨象了。"

刘安大怒，将伍被的父母逮捕下狱，囚禁了三个月后，他又把伍被召去询问。伍被仍然劝道："当初秦朝暴虐无道，天下十之六七的老百姓都希望推翻它的统治。高祖皇帝趁秦朝土崩瓦解之际乘势起兵，最终成为天子。如今大王只看到高祖皇帝得天下容易，却单单不看不久前七国之乱的吴、楚吗？吴王刘濞统辖着四个郡，人多钱多，却一败涂地，落了个身首异处的下场。为什么呢？就因为他逆天行事，不知时势。现在，大王的兵力不足吴、楚的十分之一，而天下的形势却比吴、楚兴兵时安定一万倍。大王如不听从我的劝告，恐怕您很快就会失去千乘之国的王位，先于群臣死在东宫啊。"

刘安听了，默默地流下眼泪，挥手示意伍被退下。

伍被离开后，刘安回想着他的话，越发觉得凄楚，造反的心思淡了不少。

可是，树欲静而风不止。刘安有一个庶出的儿子叫刘不害，刘安很不喜欢他，太子刘迁也不把他当兄长看。刘不害的儿子刘建觉得自己的父亲活得太憋屈，为了报复太子刘迁，暗中派人去京城，告发太子刘迁当初企图刺杀朝廷派去调查雷被事件的使臣。

武帝接到举报，将此事交给廷尉处理。刘安很害怕，又想举兵谋反，便再次把伍被召去商量。

伍被还是劝刘安打消造反的念头，他说："我听说吴王刘濞逃到东越后非常后悔，希望大王不要像吴王那样，事后才后悔，那已经来不及了啊。"

刘安反驳道："吴王哪里懂得什么叫造反？他都不知道占领成皋！我要截断成皋通道，占据三川的险要之地，再征召崤山以东的兵马，如此举事，大家都认为有九成的把握，为什么只有您认为是有祸无福？"

伍被见淮南王执意起兵，只好对他说："如果大王一定要干的话，我有一计。如今各诸侯王对朝廷都没有二心，老百姓也没有怨气，大王可以伪造丞相、御史的奏章，假装请求皇上将各郡国的豪杰之士和富裕人家迁徙到北方边郡，并向民间大量征兵，再伪造诏书，说是要逮捕各封国的太子和重臣，如此一来，就会百姓怨恨，诸侯恐惧，然后派遣能言善道之人到各地游说，如此或许侥幸有十分之一的希望吧！"

于是，刘安就伪造了皇帝印玺和丞相、御史大夫、将军及周围各郡太守、都尉的印信，以及朝廷使者的信节，然后对幕僚们说："朝廷大臣中，只有汲黯喜欢犯颜直谏，能够严守臣节，为忠义而死，难以迷惑，至于游说公孙弘之流，就如同去掉物件上的覆盖物或摇掉树枝上的枯叶一般容易。"

刘安打算调动本国的军队，又担心受到相国等人的阻挠，便与伍被商议，计划先将相国和二千石官员杀死，然后派人手持告急文书从东边奔来，高喊："南越国的军队攻入我国边界了！"以此为借口起兵。

就在这时，廷尉前来逮捕太子刘迁。刘安就与刘迁密谋，召相国和二千石官员前来，企图杀死他们后，即刻起兵造反。结果，只有相国一个人来了，内史和中尉都没来。光把相国一个人杀了也没用，还打草惊蛇。

就在刘安犹疑不定时，伍被自己跑到廷尉那里，告发刘安图谋反叛。廷尉大惊，立刻派人包围了王宫，逮捕了太子刘迁和王后，以及所有参与谋反计划的宾客，然后奏报朝廷。

武帝派宗正①手持皇帝符节前往淮南国处治刘安。结果，没等宗正来到，刘安便自刎而死。太子刘迁和王后被处死，所有参与谋反计划的人一律灭族。

衡山王刘赐同样因为两个儿子窝里斗，竞相向朝廷告发对方造反，结果东窗事发，最终自刎而死。他的王后和两个儿子都被斩首，其他参与谋反计划的人也被灭族。

总计淮南王和衡山王谋反两案，因受牵连而被处死的列侯、二千石官员及地方豪侠人物达数万人。

---

① 负责管理皇族外戚事务，分别嫡庶亲疏、编纂世系谱牒，参与审理诸侯王犯法案件。

14

大汉帝国双璧

　　有一次，汉武帝到霸上举行除灾去邪的仪式，返宫途中，去看望他的姐姐平阳公主，结果看中了平阳公主府中的歌女卫子夫，便接入宫中。一年后，卫子夫有了身孕，这让一直没有生育的陈皇后非常忌妒。

　　这位陈皇后不是别人，就是馆陶长公主刘嫖的女儿，当初武帝能被立为太子，馆陶长公主起了很大的作用。等到武帝即位称帝，陈氏就做了皇后。馆陶长公主刘嫖觉得自己有恩于武帝，所以得意忘形，不停地索要赏赐，还经常干预朝政，招致武帝的不满。陈皇后更是骄横无比，忌妒成性，武帝也对她越发生厌起来。

陈皇后担心自己会因无子被废，便去找母亲哭诉。馆陶长公主为了教训卫子夫，就把她同母异父的弟弟卫青抓了起来，想杀死他。卫青的好友、骑郎公孙敖得知后，带着人把他抢了回来。武帝忍无可忍，立即召见卫青，任命他为建章宫的宫监，还给他侍中的官衔，几天之内给他的赏赐就高达上千金。不久，武帝又立卫子夫为夫人，任命卫青为太中大夫。馆陶长公主知道这是武帝对自己的警告，从此不敢再生事端。

武帝的这次出手，不仅让卫子夫在后宫的地位扶摇直上，更重要的是为大汉王朝保住了一位天才将领，从而扭转汉朝在与匈奴关系中的长期被动局面。

当年马邑诱敌失败后，汉朝与匈奴之间的关系彻底破裂，匈奴更加频繁地侵掠北方边境。元光六年（前129年），匈奴又一次入侵上谷郡[①]，杀害了当地官

---

① 治所在今河北怀来东南。

员，劫掠了许多百姓。

武帝大为愤怒，决心变被动防守为主动出击，便任命卫青为车骑将军，公孙敖为骑将军，和轻车将军公孙贺、骁骑将军李广，各自率领一万骑兵，分四路出击，攻打屯兵在边关贸易市场附近的匈奴军队。结果，除了卫青打到龙城[①]，斩首和俘获匈奴七百多人，其他人都无功而返。公孙贺连匈奴人的影子都没见着，公孙敖倒是遇到了，却被匈奴人打败，损失了七千骑兵，李广更是全军覆没，他被匈奴人活捉后装死才逃回。武帝很欣赏卫青，加封他为关内侯。

第二年秋季，匈奴再次入侵辽西郡、渔阳郡和雁门郡，杀害和掳掠了四千多人。卫青统率三万骑兵出击，斩杀匈奴数千人。

第三年，匈奴又入侵上谷郡和渔阳郡。这次卫青率部一直打到陇西，夺取了黄河以南地区。

黄河以南地区土地肥沃，且有黄河天险，汉军收

---

① 匈奴祭天和集会的地方。

复该地区的捷报传到京城，武帝大喜，下诏封卫青为长平侯，并征调民夫在此修筑了朔方城，设置朔方郡[1]，建立了一个反击匈奴的前方基地。

然而，受挫后的匈奴仅仅消停了两年，就再次对汉朝发起进攻。这次领兵的是匈奴的右贤王，他率部多次侵扰朔方郡。武帝任命卫青为统帅，率领十几万人马，兵分多路出击匈奴。

匈奴右贤王以为路途遥远，汉军不可能到达，便经常饮酒醉卧，毫不戒备。卫青率军日夜兼程，如神兵降临，将右贤王大营团团包围。右贤王大惊，在百名精兵的护卫下落荒而逃。此战共俘获匈奴一万五千余人，牲畜近百万头。

武帝高兴坏了，当即派使臣带着大将军印信来到边塞，在军中拜卫青为大将军，加封食邑八千七百户，并将他的三个儿子都封为列侯。

卫青上书坚决辞谢：“仰仗陛下的神威和诸位将

---

[1] 辖境约今内蒙古河套西北部及后套地区。

领的奋力作战，才获得胜利。陛下已经增加了臣的封邑，臣的儿子还在襁褓之中，并无功劳，陛下却要划出土地封他们三人为侯，这就不是臣效力军中的本意了。"

武帝于是一一加封了诸位将领。此时的卫青可以说是权倾朝野，如日中天，但他对同僚依旧以礼相待，对士兵呵护有加，大家都愿意为他效力。

然而，武帝对卫青倚重的同时，也对他有所戒备，希望有更多的将才出现。

卫青有个外甥，叫霍去病，十八岁时当了侍中，精通骑马、射箭之术，随卫青出击匈奴时，十分英勇，战功屡次冠于全军，被武帝封为冠军侯。

元狩二年（前121年），武帝任命霍去病为骠骑将军，率领一万骑兵，自陇西出发北击匈奴，经过五个王国，转战六天，行军数千里，斩杀近万匈奴人，并夺得匈奴人用于祭祀上天的金人。武帝下诏增加霍去病食邑二千户。

夏季，霍去病又与合骑侯公孙敖率领数万骑兵分两路出击匈奴。霍去病率领军队跨越居延海①，经过小月氏，抵达祁连山②，生擒单桓、酋涂二王，斩杀三万零二百人，俘获七十余个小王。匈奴人为此悲伤地唱着："亡我祁连山，使我牲畜不繁息。失我焉支山③，使我妇女无颜色。"

武帝又增加了霍去病食邑五千户，还打算为他修建府第。霍去病却说："匈奴还没有消灭，要家干什么呢！"

武帝听了，更加宠爱霍去病，他的将士、马匹、兵器都是全军最好的，老天似乎也对他特别照顾，他的军队从来没有陷入困绝之境。

元狩四年（前119年），武帝决定深入沙漠腹地，大举进攻匈奴，他说："匈奴单于向北迁徙，企图引诱我军深入沙漠，然后趁我军因长途跋涉疲劳之际，袭击我军。那我们就如他所愿，深入漠北，打一场全面的歼击战。"然后征选了十万匹用粟米饲养的战马，命

① 位于今内蒙古阿拉善盟额济纳旗北部。
② 位于今青海东北部与甘肃西部。
③ 在今甘肃山丹境内。

大将军卫青、骠骑将军霍去病各率骑兵五万，步兵数十万，正面攻击匈奴单于。

大军出塞后，卫青从俘虏口中得知单于的住地，便亲自率精兵挺进，命前将军李广、右将军赵食其从东路迂回策应。卫青率部行军一千余里，横穿大沙漠，发现匈奴单于的军队已经列阵以待，便下令将兵车环绕一周结成营阵，稳住阵脚，随即派出五千骑兵攻击匈奴。匈奴也放出约一万骑兵迎战。

双方将士厮杀至太阳将要西沉时，突然狂风骤起，飞沙扑面，卫青乘势指挥骑兵从两翼包抄匈奴单于。

匈奴单于见汉军人多，兵强马壮，估计自己打不过，便在几百名精壮骑兵的保护下冲破汉军防线，向西北方向逃窜。

卫青赶忙派出一支轻骑兵追击，自己则率领大军跟随其后。汉军一直追到天将明时，还是没有抓到单于，但擒获和斩杀了一万九千多匈奴人。

霍去病率领的骑兵出塞二千余里，穿越大沙漠，与匈奴左部的军队遭遇，擒获匈奴三个王，俘虏七万多匈奴人。霍去病又乘胜追到狼居胥山①，命人堆土增山，然后他登上山顶，朝着中原的方向设坛祭拜天地，并在山上立碑纪念，以示此地纳为大汉疆土。

武帝非常高兴，又给霍去病的食邑增加了五千八百户，加封他手下四人为列侯，提拔了不少低级军官，还赏赐了很多士卒。而大将军卫青因战功没有超过损失，所以武帝没有增加他的食邑，也没有加封他的部下。

此外，武帝还增设大司马一职，由卫青、霍去病共同担任，还规定霍去病的官级和俸禄与卫青一样。从此，卫青的权势日渐衰落，而霍去病却日益尊贵。很多卫青以往的朋友和门客都离开了他，改投霍去病。

这次漠北之战，是汉军在距离中原最远的战场进行的一次规模最大、打得最艰巨的战役。这一仗，歼

① 在今蒙古国乌兰巴托东。

灭匈奴九万余人，匈奴因此元气大伤，迁往更远的地方去了。汉军则渡过黄河，处处开通河渠，设置田官，派士卒屯垦，逐渐蚕食到匈奴旧地以北，但也因缺少马匹，不再大举出击匈奴了。

15

李广难封

汉朝抗击匈奴的杰出人物里，除了横空出世的卫青、霍去病等年轻将领，还有一个征战四十多年，被匈奴人称为"飞将军"的老将，他叫李广。

李广出身名将世家，从小练习射箭骑马，武艺高超，后来当上宫中侍卫。有一次，他随汉文帝去狩猎，徒手与猛兽搏斗。文帝感叹道："可惜你生不逢时，你要是生在高祖那个战乱频繁的时代，凭军功封个万户侯不在话下！"

汉景帝时，李广曾随太尉周亚夫平定七国之乱，立下大功，却因接受了梁王刘武赠送的将军印，惹恼了景帝，还朝后没有被封赏，后来被派到上郡^①做太守。

有一年，匈奴入侵上郡，李广率领一百名骑兵去追击三个匈奴射雕手，结果遇到几千匈奴骑兵。

匈奴人看见李广的小队伍，吃了一惊，连忙占据高地，摆开迎战的阵势。李广手下的骑兵更是吓得不行，都想调转马头，立刻逃跑。

李广赶紧制止他们："现在逃跑，匈奴人一定会追上来，我们就成了他们的箭靶子，全都没命。留在这里，迷惑匈奴人，让他们以为我们是汉军大部队派出的诱兵，他们就不敢进攻我们了。"

说完，李广立刻下令："前进！"一百名汉军骑兵只好壮着胆子继续前进。在距离匈奴人的阵地大约两里的地方，李广让大家下马，并解下马鞍。

骑兵们一听，吓得脸色都白了："一旦匈奴人冲过来，我们连上马的时间都没有！"

---

① 辖地约今陕西中北部毗邻内蒙古部分。

李广不慌不忙地说："他们见我们不但不跑，还把马鞍解下来，一定更加疑惑，认定我们是诱敌小分队。"

匈奴人果然生疑，不敢贸然进攻。双方就这样对峙着，到了黄昏，一个匈奴将领从阵地出来，查看四周的情况。

李广见状，立刻翻身上马，带着十几名骑兵奔驰过去，一箭射死了这个匈奴将领。回来后，李广又解下马鞍，让骑兵们放开战马，卧地休息。

匈奴人猜不透李广这支小分队的行为，一直不敢进攻。到了半夜，他们仍然认为附近埋伏了汉朝大军，想夜间袭击他们，于是撤离了。

李广没敢立刻走，一直等到天亮，才带着那一百名骑兵回到军营。

李广带兵，与别的将领不同，他的军队没有固定编制，行军布阵没有严格的队列和阵势，打起仗来一窝蜂，休息起来各自扎堆，夜间也不派人巡营，只是远远地布置哨兵。比起常规做法，匈奴人更害怕李广这种不按常理出牌的战术。将士们也愿意跟随李广，觉得自在。更重要的是，李广爱兵如子，得到赏赐就分给部下，行军打仗遇到缺水时，士兵没有都喝过，李广绝不沾水，遇到缺粮时，士兵没有都吃过，李广绝不进食。

到汉武帝时，李广已经是扬名天下的抗匈名将。

元光六年（前129年），匈奴入侵上谷郡，李广与卫青、公孙敖、公孙贺四名将领，各自率领一万骑兵，分四路攻打匈奴军队。

在这次战役中，除了卫青，其他人都无功而返，李广更是全军覆没，他本人被匈奴人活捉。匈奴人把他绑在两匹马之间的网袋上。走了十多里，李广先是装死，后来突然纵身跃起，跳到一个匈奴骑兵的马上，夺了他的弓箭，打马向南逃。匈奴数百骑兵紧追不舍，李广纵马反射，杀死几个追兵，才得以脱险。

回来后，打了败仗的李广理应处死，但当时的规定是可以出钱赎罪，最终李广花了一笔钱，免除了死罪，成了平民。

第二年，匈奴再次侵犯边境，武帝又起用李广，任命他做了右北平郡①太守。匈奴人害怕李广，称他是"飞将军"，连续几年不敢入侵右北平郡。

元狩二年（前121年），霍去病与公孙敖率领数万骑兵从北地分两路出击匈奴，李广和卫尉张骞也同时从右北平分路出击。李广率领四千骑兵为先锋，张骞率领一万骑兵殿后。

结果李广的军队遇到匈奴左贤王率领的四万骑兵。匈奴人将李广的四千骑兵团团包围。汉军将士都很恐惧，李广便命自己的儿子李敢独自率领数十名骑兵直穿敌阵，然后从敌阵左右两侧突围出来。

回来后李敢向李广报告说："匈奴人很容易对付。"汉军将士听了，情绪才安定下来。

李广于是命令将士们面对敌人列成圆形战阵。战阵刚形成，匈奴人就开始向汉军发起猛烈进攻，如雨般的利箭"唰唰唰"地飞向汉军阵地。

---

① 在今内蒙古宁城西南。

见身边的士兵一个个倒下，李广急忙拿出特大号的强弓，拉满弓弦，一连射死好几名匈奴将领，匈奴人的攻势才渐渐缓和下来。

　　此时天色已晚，汉军伤亡过半，剩下的将士个个面无人色，只有李广神情自若，从容不迫地巡视阵地，调整部署，全军上下得到鼓舞，重新振作精神。

　　第二天，汉军再次奋力与匈奴人激战，虽然死亡大半，但消灭的敌人超过己方的损失。这时，张骞的大军也赶到了，匈奴人才撤退。

　　这次战役，李广功过相抵，没有处罚，也没有封赏。想到以前的部下不少人都因军功封了侯，自己却阴差阳错，始终不能立功封侯，李广常常感到遗憾。

　　元狩四年（前119年），武帝决定与匈奴人来一场大决战，命大将军卫青、骠骑将军霍去病各率骑兵五万，步兵数十万，深入漠北，正面攻击匈奴单于。

　　此时李广年事已高，所以武帝一开始没有让他参加这次军事行动。李广很想把握这次机会，立下战功，便多次请求出征。武帝无奈，只好任命他为前将军。

但在大军出征前，武帝暗中嘱咐卫青："李广已经老了，运气又不好，不要让他与单于正面作战，我担心他完不成抓单于的任务。"

所以，当卫青从俘虏口中得知单于的住地后，决定亲自率领精兵挺进，而好朋友公孙敖不久前失去爵位，卫青想让他与自己一同正面与单于作战，立下战功，重新封侯。所以，卫青将李广调到东路，让他与右将军赵食其合兵一处，策应他们。

李广坚决推辞，向卫青请求："我是前将军，我的军队理应充当先头部队，大将军怎么把我们改成东路军呢？我从少年时就开始与匈奴人作战，今天终于有机会与单于正面交锋，请让我先去与单于死战吧。"

卫青拒绝了李广的请求。李广无奈，只好率领军队从东路进发。动身前，他没向卫青辞行，以此表达自己心中的愤怒。

结果，李广与右将军赵食其率领的东路军因为没有向导，在沙漠中迷失了道路，以致落到卫青的后面，没能赶上与单于的那一战。直到卫青率部班师，经过沙漠南部时才遇到李广和赵食其的东路军。

卫青派人责问他们迷路的原因，并命李广马上到大将军处听候传讯。李广说："校尉们没有罪，是我自己迷了路，我现在自己到大将军那儿受审。"

待来人走后，李广对他的部下说："四十多年来，我一直渴望能亲手抓住匈奴单于。我已经老了，这次是我最后的机会，可大将军却将我调到东路。路途本就绕远，还迷失了方向，这不是天意又是什么？我一个六十多岁的人，怎么能再去接受那些刀笔小吏的审问！"说完就拔刀自刎了。

李广死去的消息传到军中，全军将士痛哭流涕。老百姓听说后，认识他的和不认识他的，无论年老的还是年轻的，都为他流泪，为他惋惜。